Hans Dieter Schaal
Global Museum

Hans Dieter Schaal
Global Museum

Edition Axel Menges

ISBN 978-3-936681-14-7

Printing and binding: Everbest Printing Co., Ltd., China

Translation into English: Michael Robinson, London
Editing: Dorothea Duwe, Verena Schaal
Design: Axel Menges

Standortbestimmung

Bei der Arbeit an diesem Buch, das ursprünglich nur einen Arbeitsbericht der letzten sechs Jahre enthalten sollte, kam mir die Idee, den Begriff und das Phänomen »Museum« hinterfragend zu ergründen, erweiternd zu definieren und gedanklich in eine andere, offenere Raum- und Bedeutungsdimension zu entführen.

Museen und Ausstellungen standen und stehen – neben Bühnenbildern und Landschaftsgestaltungen – im Zentrum meiner architektonischen Arbeit. Ich habe mich also täglich mit musealen Räumen, Weg- und Bild-Dramaturgien, mit Vitrinen und Objekten, mit Problemen der Präsentation und deren Wirkung auf die Besucher, mit Klima- und Lichtfragen auseinanderzusetzen. Im folgenden werde ich skizzieren, was heute im allgemeinen unter einem Museum (Äußeres und Inneres, mit Blick in die Geschichte) verstanden wird. Danach versuche ich, meine verändernde Interpretation des Phänomens einzukreisen und zum Schluß das mir vorschwebende Global Museum zu beschreiben, auf das gedankenspielerisch alle Überlegungen und Einzelthemen des Buches hinstreben. Es bildet den magnetisch aufgeladenen Fluchtpunkt. Die bisher von mir realisierten Museen, Ausstellungen, Bühnenbilder, Architekturen und Landschaftgestaltungen werden zu Bausteinen seiner Gesamtstruktur. Ich beschreibe meine Entwürfe aus dieser Perspektive, unwissenschaftlich, rein subjektiv und mit der leicht hilflosen Ironie eines verstrickten Liebhabers. Natürlich können sich auch andere – Architekten und Liebhaber (männliche und weibliche) – an dem Projekt beteiligen. Ich poche nicht auf den Alleinvertretungsanspruch und halte die Struktur für Vorschläge und Anregungen offen.

In der allgemeinen Vorstellung riecht der Begriff Museum nach Muff, Spinnweben, Knochen, verwesenden Mäusen, mumifizierten Vögeln, angeschimmelten Bildern, stinkenden Marmorleichen und verstaubten Vitrinenwäldern. Der Skeptiker denkt an alte Häuser, vollgestellte Räume, dunkle Keller, feuchte Kirchen, ruinöse Burgen, vergilbte Bücher, Objekte und Gedanken, die – nicht mehr gebraucht – auf das Altenteil oder auf den Friedhof geschickt worden sind.

»Der Ausdruck ›museal‹ hat im Deutschen eine unfreundliche Färbung. Er bezeichnet Gegenstände, zu denen der Betrachter sich nicht mehr lebendig verhält und die selber absterben. Sie werden eher aus historischer Rücksicht aufbewahrt als aus gegenwärtigem Bedürfnis. Museum und Mausoleum verbindet nicht bloß die phonetische Assoziation. Museen sind wie Erbbegräbnisse von Kunstwerken.« (Theodor W. Adorno, *Prismen*.) Kein Zweifel, Museum und Totenkult sind eng miteinander verwandt, das läßt sich nicht leugnen.

Und dennoch: Wer ist, bei aller Skepsis, nicht auch fasziniert von alten Bildern und Photographien, von den Gesichtern stolzer, längst nicht mehr auf der Erde weilender Menschen mit ihren altmodischen Kleidern und Anzügen? Der Blick in diese für immer erstarrten, versteinerten, auf Papier archivierten Augen öffnet neue Räume, gewesene Räume, sagt uns als Blick in einen Spiegel, daß auch wir auf dem Weg sind, Photoerinnerungen zu werden. »Jede Photographie ist eine Art memento mori. Photographieren bedeutet teilnehmen an der Sterblichkeit, Verletzlichkeit und Wandelbarkeit anderer Menschen (oder Dinge).« (Susan Sontag, *Über Fotografie*.) Dieser Satz läßt sich auch auf Gemälde und Abbilder im allgemeinen übertragen.

Je weiter wir zurückschauen, um so größer, gewaltiger, vielgliedriger und bildmächtiger kann unser Vorstellungs- und Erinnerungsraum anwachsen. Möglicherweise eröffnet sich ein imaginäres Universum, in das wir jederzeit eintauchen können. Es gibt die privaten und die kollektiven Erinnerungen; letztere sind in Bibliotheken und Museen in Form von Büchern und Kunstwerken gesammelt und ausgestellt.

Wer für den (temporären) Blick in die Vergangenheit plädiert, ihn als lebenswichtig und wertvoll definiert, setzt sich natürlich der Kritik der gegenwartssüchtigen, vergangenheitsfeindlichen Mitmenschen aus. Das Museum erscheint ihm als konservative Verteidigungsburg, als verdorbene Büchse der Pandora.

Im Zeitalter der kulturellen Kurzlebigkeit muß ein Buch über Museen – gleichgültig welcher Couleur – provozierenden Charakter haben. Für heutige Schüler und Studenten endet die Vergangenheit nach zwei Jahren. (Devise: Je weniger auf der subjektiven Festplatte eingebrannt ist, um so freier und offener bleibt der Speicherplatz für kommende, zukünftige Ereignisse, Erlebnisse und Entwicklungen!) Was älter ist, gehört in den Papierkorb oder den Mülleimer, da es meist nicht mehr gebraucht werden kann. (Nichts ist wertloser als abgelaufene Computer-Programme!) Auch im Theaterbereich habe ich diese Tatsache zu spüren bekommen. Filme und Werke der bildenden Kunst können noch Jahre nach ihrem Entstehen ihre Wirkung erzielen. Das Theater dagegen lebt nur jetzt, an diesem Tag, an diesem Abend. Geschichte und Erinnerung bleiben ihm fremd.

Es ist ein Ziel dieses Buches, dem Begriff »Museum« die verfaulten, abgestorbenen Gedanken auszureißen, die Fenster zu öffnen, die Ausstellungsräume gründlich zu lüften und dem musealen Ort eine lebenswichtige, gegenwartsbezogene, historisch-futuristische, hoffnungsvolle Bedeutung zu geben. Danach, beim Gang durch die neuen Räume, wird der Skeptiker staunen, vielleicht nicht zum Optimisten mutieren, aber dennoch zugeben, daß er dem uralten Medium soviel Kraft und Lebendigkeit nicht zugetraut hätte.

Das *Etymologische Lexikon* definiert den Begriff »Museum« wie folgt: »Museum: Das seit dem 16. Jahrhundert bezeugte Fremdwort, das zuerst nur ›Studierzimmer‹ bedeutete und erst im 17. Jahrhundert mit den Bedeutungen ›Kunstsammlung, Altertumssammlung‹ erscheint – danach heute auch ›Ausstellungsgebäude für Kunstgegenstände und wissenschaftliche Sammlungen‹ –, ist aus lat. ›museum‹: ›Ort für gelehrte Beschäftigung, Bibliothek, Akademie‹, und aus dem Griechischen: ›Musensitz, Musentempel‹ entlehnt.«

In der griechischen Mythologie sind Musen die Töchter des Zeus. Insgesamt stellte man sich neun von ihnen vor. Es gab eine Muse der Geschichte, der erzählenden Dichtung, der Tragödie, des Lustspiels, der Sternkunde, des Tanzes, der Liebesdichtung, der Tonkunst und des Gesangs. Raffael und Poussin malten sie meist gemeinsam als Chor tanzender Jungfrauen. So war das eben früher!

Von einem Gebäude oder gar einem Tempel, in dem Gemälde, Skulpturen und andere kulturelle

Position definition

While working on this book, which was originally intended to be simply a report on my work over the past six years, I hit on the idea of exploring and interrogating the idea of »museum« as a concept and a phenomenon, defining and extending it, and shifting it intellectually into a different, more open dimension of space and significance.

Museums and exhibitions have been and are – alongside stage sets and landscape designs – central to my work as an architect. So I have to address museum spaces daily, the dramaturgies of their pathways and images, showcases and objects, presentation problems and the effect they have on visitors, and on questions of climate and light. In the following I intend to sketch out what is generally understood by a museum today (outside and inside, with a glance at history). After that I shall try to pin down my changing interpretation of the phenomenon and finally attempt to describe the Global Museum I have in mind, something all the ideas I have played with and the individual themes of the book have been thrusting towards. It forms a magnetically charged vanishing point. The museums, exhibitions, stage sets, architecture and landscape designs I have realized so far become building blocks within its overall structure. I describe my designs from this point of view, unscientifically, purely subjectively and with the slightly helpless irony of a captive admirer. Of course other people – architects and admirers (male and female) – can join in with the project as well. I do not insist on exclusive representation rights and I am holding the structure open, to accommodate suggestions and ideas.

In the mind of the general public, the term museum smells musty, of cobwebs, bones, rotting mice, mummified birds, pictures going mouldy, stinking marble corpses and forests of dusty showcases. Sceptics think of old buildings, rooms crammed full, dark cellars, damp churches, ruined castles, yellowing books, objects and ideas that – no longer needed – have been pensioned off or sent to the graveyard.

»In German the expression ›museal‹ – something relating to museums – has a cheerless tinge. It identifies objects that viewers no longer have a living relationship with and that are dying out themselves. They are kept more out of historical consideration than to meet current needs. Museum and mausoleum are not linked by phonetic association alone. Museums are like family vaults for works of art.« (Theodor W. Adorno, *Prismen*.) No doubt about it, museum and the cult of the dead are closely related.

And yet: despite all this scepticism, who is not fascinated by old pictures and photographs, by the faces of proud people who have long since left the earth, with their old-fashioned dresses and suits? Looking into these eyes that have for ever ceased to move, petrified, archived on paper, opens up new spaces, spaces that have ceased to be; like looking in a mirror it tells us that we are on the way to becoming photographic memories. »All photographs are memento mori. To take a photograph is to participate in another person's (or thing's) mortality, vulnerability, mutability« (Susan Sontag, *On Photography*). This sentence can also be applied to paintings and illustrations in general.

The further we look back, the greater, more powerful, immense and powerfully pictorial the spaces of our imagination and memory can grow to be. It is possible that an imaginary universe could open up that we could plunge into at any time. There are private and collective memories; the latter are collected and exhibited in museums in the form of books and works of art.

Anyone who chooses to plead for a (temporary) look into the past, defining this as essential and valuable, is of course exposed to criticism from others who are addicted to the present and hostile to the past. To them a museum seems like a conservative defensive fortress, a Pandora's box that has gone rotten.

In an age of short-lived culture, a book about museums – regardless of their colour – has to be provocative. For today's schoolchildren and students the past ends after two years. (Motto: the less that is burned on to our subjective hard disk, the freer and more open the memory will remain for coming, future events, experiences and developments!) Anything older belongs in the waste-paper basket or the bin, as it is usually of no further use. (Nothing is more worthless than out-of-date computer programs!) I have come across this state of affairs in the theatre as well. Films and works of fine art can make an impact years after they come into being. But the theatre is alive only now, today, this evening. History and memory remain alien to it.

One of the aims of this book is to rip the rotten, dead ideas out of the term »museum«, to open the windows, air the exhibition galleries thoroughly and give vital, hopeful significance to the museum as a location, relating to the present, the past and the future. After that, when walking through the new rooms, sceptics will be astonished. They may not become optimists, but they will still admit that they would not have thought the ancient medium had so much strength and life in it.

The *Etymologisches Lexikon* defines »museum« as follows: »Museum: this imported word, recorded since the 16th century, meant only ›study‹ at first, and does not appear until the 17th century in the sense of ›art collection, antiquities collection‹ – and then ›exhibition building for art objects and scientific collections‹ as well. It derives from the Lat. ›museum‹: ›place for learned occupations, library, academy‹, and from the Greek: ›seat of the Muses, temple of the Muses‹.«

In Greek mythology, the Muses are the daughters of Zeus. Nine of them appear in all. There was a Muse of history, narrative poetry, tragedy, comedy, astronomy, dance, love poetry, music and song. Raphael and Poussin painted them together as a choir of dancing virgins. Those were the days! There was still no evidence of a building or even a temple in which pictures, sculptures and other cultural objects are shown.

There were collections, (collecting, or gathering, is well known to be a basic human instinct, like hunting) of religious items and later also of booty from military campaigns (treasure chambers), but it was not until the 18th century that these objects were used to represent history (also »art history«) intensively and academically in our Western culture.

Collection belonging to popes, kings, princes and wealthy merchants in earlier centuries were there above all – apart from growing more valu-

1. Ägyptischer Saal (»Mythologischer Saal«), Neues Museum, Berlin, 2004

1. Egyptian Gallery (»Mythological Gallery«), Neues Museum, Berlin, 2004.

Überreste ausgestellt werden, war noch keine Rede. Es gab zwar Sammlungen (das Sammeln ist bekanntlich ein Urtrieb des Menschen, wie das Jagen) von religiösen Dingen und später auch von Beutestücken aus Kriegszügen (Schatzkammern), aber eine intensive, wissenschaftliche Darstellung der Geschichte mit diesen Objekten (auch eine »Kunst-Geschichte«) wird in unserer westlichen Kultur erst seit dem 18. Jahrhundert betrieben.

Die Sammlungen der Päpste, Könige, Fürsten und reichen Kaufleute in den Jahrhunderten davor dienten – neben dem Anhäufen von Werten – vor allem dem Vergnügen und der Unterhaltung. Ihre Anwesenheit und ihre Sujets boten sich als Gesprächsstoff an und halfen, die Langeweile zu vertreiben, wie das Theater, die Oper, der Hofnarr, das Musizieren, Flirten, Kartenspielen und auch das In-die-Kirche-Gehen.

Die Arrangements aus Gemälden, Gobelins, Skulpturen, Vasen, Skeletten, Steinen, Muscheln, Masken und ausgestopften Tieren wurden als private und öffentliche Bühnenbilder für Empfänge und Feste benutzt. Ikonographisch überwog in den Schlössern das Frivole und Seltsame, manchmal auch nur das Fremdartige und Bizarre (die »Wunderkammern«).

In den christlichen Kirchen – die natürlich zugleich auch Museen waren – sahen die Gläubigen neben den Reliquien (zum Beispiel Knochensplittern und ganzen Skeletten) vor allem Darstellungen des Grausamen. Mit diesen Bildern wollte der Klerus seine Macht untermauern. Was so dargestellt werden konnte, mußte wahr sein. Die Bilder gehörten zur Ermahnungs-, Bedrohungs- und Erziehungsstrategie. Bereitwillig arbeiteten die größten Künstler über Jahrhunderte an dieser Bildererzählmaschine mit und überfluteten Länder, Städte, Dörfer, Klöster und Kirchen mit Kreuzigungsbildern und Gemälden von den Todesqualen der Märtyrer.

Nicht alle Weltreligionen setzten und setzen auf so exzessive Bildphantasien. Vor allem die jüdische Religion verbietet den Gläubigen, sich ein Bild vom Göttlichen zu machen. Sie vertraut auf die Macht der Worte und Symbole.

Der Louvre in Paris wurde zum ersten öffentlich zugänglichen Museum in Europa. Nach der Revolution 1791 per Dekret verstaatlicht, öffnete die einst königlich-private Kunst- und Skulpturensammlung 1793 dem Stadtpublikum ihre Pforten. Andere Schlösser Europas folgten, allerdings mit manchmal skurrilen Auflagen. So durfte die St. Petersburger Eremitage bis zur Oktoberrevolution 1917 nur mit Frack und weißer Halsbinde bzw. im Galakleid betreten werden – befremdlich, vor allem, wenn man heutige Extreme bedenkt. Vor kurzem erschien ein Artikel im *Spiegel* (Nr. 31/1.8.2005), in dem berichtet wurde, daß das Museum Leopold in Wien einen Tag für Nackte umsonst geöffnet hatte. Zum Beweis war ein Photo abgedruckt.

Die Bauform des Schlosses (mit Anklängen an griechisch-römische Tempel) diente im 19. Jahrhundert als Vorbild für die neuen staatlichen Museumsbauten von Schinkel, Stüler und Semper. Das Gebäude sollte gemeinsam mit den Kunstwerken als Ideal die Gesellschaft überstrahlen und im Einklang mit dem König eine erhabene, fast göttliche Aura bilden. Unter diesem sanften Geisteslicht (verbunden mit Gedicht-Sentenzen von

able – for pleasure and entertainment. Their presence and the objects in them were conversation pieces, and helped to stave off boredom, like theatre, opera, court jesters, music-making, flirting, playing cards and also churchgoing.

Arrangements of pictures, tapestries, sculptures, vases, skeletons, stones, shells, masks and stuffed animals were used as private and public backdrops for receptions and feasts. Frivolity and oddity predominated in the palaces, or sometimes just the strange and the bizarre (»Chambers of Curiosities«).

In Christian churches – which of course were also museums – the faithful saw relics (for example splinters of bone and whole skeletons), but above all representations of cruelty. The clergy used these images to underpin their power. Anything that could be presented like that must be true. These images were part of a strategy of exhortation, threat and education. The greatest artists were more than ready to work on this pictorial narrative machine over the centuries, and flooded countries, villages, monasteries and churches with images of the crucifixion and paintings of the martyrs' death agonies.

Not all world religions relied or rely on such excessive pictorial fantasies. The Jewish religion in particular forbids the faithful to make images of the deity. It trusts in the power of words and symbols.

The Louvre in Paris became the first museum in Europe that was open to the public. Nationalized by decree after the 1791 revolution, this once royal and private collection of art and sculpture opened its portals to the public of the city in 1793. Other European palaces followed suit, though sometimes with absurd special requirements. For example, the Hermitage in St. Petersburg could be visited only in white tie and tails or evening gowns until the October Revolution of 1917 – strange above all when one considers today's extremes. An article recently appeared in *Der Spiegel* (no. 31 / 1. 8. 2005) reporting that the Museum Leopold in Vienna was offering a day open free of charge for nude visitors. A photograph was printed to prove it.

Palace architecture (with hints of Graeco-Roman temples) was used in the 19th century for the new state museum buildings by Schinkel, Stüler and Semper. The building, together with the works of art, was to outshine society and exude an almost divine aura, in the same way as the king. The political decision-makers hoped that this gentle intellectual light (combined with lines of poetry by Goethe and Schiller), would lead to the national unification of humanistically educated citizens.

It is revealing in this context to examine the years of conflict about the new building for the Altes Museum in Berlin between Alois Hirt, Karl Friedrich Schinkel and King Friedrich Wilhelm III. Hirt had designed a plain building, Schinkel a classically dramatic one with a colonnaded portico and large rotunda. »With this design, Schinkel had put forward a new concept of the art museum that no longer admitted direct commercial benefit as motivation. Instead, the museum's site on the Lustgarten, the portico and the rotunda made it clear that a moral institution was planned here, concerned with the education and elevation of the individual and the citizen.« (Christoph Martin Vogtherr, *Museumsinszenierungen*.)

A report by Wolzogen on Schinkel's building dated 4 February 1823 states: »Ultimately creating as powerful a building as the museum will inevitably become means that a worthy centre is essential; this must be the shrine in which the most costly treasure is kept. It is the place one enters first when coming into the outer hall, and here the sight of a beautiful and sublime space has to make the visitor receptive and create a mood for enjoying and recognizing what the building most particularly contains.« (Christoph Martin Vogtherr, *Museumsinszenierungen*.)

King Friedrich Wilhelm III finally approved Schinkel's building. Later, when the paintings were being hung and the sculptures arranged, another quarrel erupted between the Romantics (around Schinkel), who were more interested in protecting the atmosphere, and the academics (around Humboldt), who wanted to proceed on historical principles. The latter won the day, and felt they were on the correct path for the future.

Art galleries, academies, opera houses, concert halls, universities, palaces of justice, parliaments, monuments and prisons – all these new buildings were powerful emotional building blocks for the growing national consciousness in Prussia, Germany and Europe. The great political events rolled by in the background: Napoleon's final defeat at Waterloo, the 1848 revolutionary movements, Bismarck's successes as founder of the German nation (on the back of the French, defeated in 1870/71). Richard Wagner looked for the nation's Germanic-mythical roots in the *Ring of the Nibelung*, but the tragic pessimism he took over from Schopenhauer left no hope of a heroic future. National emotion swelled at every end and turn, puffing itself up into Bismarck towers and the Völkerschlachtdenkmal, to victory columns with golden angels (always directed at the »arch-enemy France«!), forest in memory of Kaiser Wilhelm, coming to its disastrous end only on the battlefields of Verdun in the First World War.

How were the citizens of the Weimar period, hungry for life and plagued by reparations and inflation, to continue to believe in the ultimate, eternal values that had been handed down to them in the monumental 19th century historical museums? It is astonishing that neither the right-wing nor the left-wing revolutionaries in twenties post-war Germany, neither the volunteer irregulars nor the anarchists, thought of storming and blowing up these buildings, burning the paintings and smashing the sculptures, emulating the way the reformist iconoclasts of the Peasants War period dealt with what they thought was florid ecclesiastical art! Not a single art gallery or academy burned or fell (apart from war damage and – in the Second World War – air-raids). Perhaps they were not thought to be sufficiently significant and influential. Almost everything remained as it had been. Even now, the 19th century academies are run by professors of painting and sculpture, as though nothing had happened, as though there were such a thing as academic art that can be taught! A revolt was only tried out in small gallery exhibitions, fuelled by a great deal of alcohol: by the Futurists in Milan and Rome, the Dadaists in Zurich, the Expressionists in Dresden and Berlin, the Surrealists in Paris and the artists of the Revolution in Leningrad and Moscow.

Schiller und Goethe) müßte, so hofften die politischen Entscheidungsträger, die nationale Einigung humanistisch gebildeter Bürger gelingen.

Aufschlußreich ist es in diesem Zusammenhang, die jahrelange Auseinandersetzung über den Neubau des Alten Museums in Berlin zwischen Alois Hirt, Karl Friedrich Schinkel und König Friedrich Wilhelm III. zu verfolgen. Hirt hatte ein schlichtes Gebäude entworfen, Schinkel ein klassisch-pathetisches mit Säulenvorhalle und großer Rotunde. »Mit seinem Entwurf hatte Schinkel eine neue Konzeption des Kunstmuseums vorgelegt, welche den unmittelbaren wirtschaftlichen Nutzen nicht mehr als Motivation zuließ. Der Standort des Museums am Lustgarten, die Säulenvorhalle und die Rotunde machten statt dessen deutlich, daß hier eine moralische Anstalt geplant war, der es um die Bildung und Erhebung des Individuums und Staatsbürgers zu tun war.« (Christoph Martin Vogtherr, *Museumsinszenierungen*.)

In einem Gutachten Wolzogens vom 4. Februar 1823 zu Schinkels Bau heißt es: »Endlich kann die Anlage eines so mächtigen Gebäudes, wie das Museum unter allen Umständen werden wird, eines würdigen Mittelpunktes nicht entbehren, welcher das Heiligtum sein muß, in welchem das Kostbarste bewahrt wird. Diesen Ort betritt man zuerst, wenn man aus der äußeren Halle hineingeht, und hier muß der Anblick eines schönen und erhabenen Raums empfänglich machen und eine Stimmung geben für den Genuß und die Erkenntniß dessen, was das Gebäude überhaupt bewahrt.« (Christoph Martin Vogtherr, *Museumsinszenierungen*.)

König Friedrich Wilhelm III. genehmigte schließlich das Museumsgebäude Schinkels. Bei der späteren Hängung der Gemälde und bei der Aufstellung der Skulpturen entbrannte erneut ein Streit zwischen den mehr die Atmosphäre verteidigenden Romantikern (um Schinkel) und den Wissenschaftlern (um Humboldt), die nach kunsthistorischen Gesichtspunkten vorgehen wollten. Letztere setzten sich durch und sahen sich auf dem richtigen, zukunftsweisenden Weg.

Kunstmuseen, Akademien, Opernhäuser, Konzerthallen, Universitäten, Justizpaläste, Parlamente, Denkmäler und Gefängnisse – alle diese Neubauten bildeten die pathetischen Bausteine des wachsenden Nationalbewußtseins in Preußen, Deutschland und Europa. Im Hintergrund rollten die großen politischen Ereignisse ab: die endgültige Besiegung Napoleons in Waterloo, die revolutionären Bewegungen von 1848, Bismarcks Erfolge als Gründer der deutschen Nation (auf dem Rücken der 1870/71 besiegten Franzosen). Richard Wagner suchte die germanisch-mythischen Wurzeln der Nation im *Ring des Nibelungen*. Sein von Schopenhauer übernommener tragischer Pessimismus ließ allerdings auf keine heroische Zukunft hoffen. Überall schwoll das nationale Pathos an, blähte sich auf zu Bismarcktürmen und Völkerschlachtdenkmälern, zu Siegessäulen mit goldenen Engeln (immer gegen den »Erbfeind Frankreich«!), zu Kaiser-Wilhelm-Denkmalswäldern und fand erst auf den Schlachtfeldern von Verdun im Ersten Weltkrieg sein tödliches Ende.

Wie sollten die lebenshungrigen, reparations- und inflationsgeplagten Bürger der Weimarer Zeit weiterhin an die endgültigen, ewigen Werte glauben, die ihnen in den monumentalen historisierenden Museen des 19. Jahrhunderts überliefert wurden? Es ist erstaunlich, daß weder die rechten noch die linken Revolutionäre im Nachkriegsdeutschland, weder die Freischärler noch die Anarchisten der zwanziger Jahre daran dachten, diese Gebäude zu stürmen und in die Luft zu sprengen, die Gemälde zu verbrennen und die Skulpturen zu zertrümmern, wie es die reformatorischen Bilderstürmer der Bauernkriegszeit mit der ihrer Meinung nach überladenen Kirchenkunst taten! Weder ein Kunstmuseum noch eine Akademie brannte oder fiel (abgesehen von Schäden durch Kriegshandlungen und – im Zweiten Weltkrieg – durch Luftangriffe). Vielleicht maß man ihnen nicht genügend Bedeutung und Einfluß bei. Fast alles blieb, wie es war. Selbst heute noch werden die Akademien des 19. Jahrhunderts mit Professuren für Malerei und Bildhauerei betrieben, als wäre nichts geschehen, als gäbe es so etwas wie eine lehrbare, akademische Kunst! Nur in kleineren Galerie-Ausstellungen wurde mit viel Alkohol der Aufstand geprobt: von den Futuristen in Mailand und Rom, den Dadaisten in Zürich, den Expressionisten in Dresden und Berlin, den Surrealisten in Paris und den Revolutionskünstlern in Leningrad und Moskau.

Nachdem Malewitsch 1919 sein *Weißes Rechteck auf weißem Grund* gemalt hatte, erschrak er darüber so sehr, daß er die restlichen Jahre seines Lebens damit verbrachte, wieder wie in seinen Jugendjahren russische Bäuerinnen als bunte, sentimentale Ikonen zu malen (teilweise allerdings kubistisch verfremdet).

Zum menschenwürdigen Daueraufenthalt waren die leeren Bildflächen genausowenig geeignet wie die ausgeräumten, weißen Bauhausräume. Trotzdem stellten diese »Auslöschungen« aller bisherigen Bilder der Kunstgeschichte den radikalen Nullpunkt dar. Der Feststellung von Adolf Loos, daß jedes Ornament ein Verbrechen sei (»Evolution der Kultur ist gleichbedeutend mit dem Entfernen des Ornaments aus dem Gebrauchsgegenstande«), heiligte fortan die leere Fläche und kriminalisierte das Ornament. Eine fast kabarettistisch-surreale Übertreibung, die allerdings ernst gemeint war!

Seitdem kann man nicht mehr von »Kunst-Geschichte« im herkömmlichen Sinn sprechen, seitdem gibt es nur noch Umkreisungen dieses Nullpunkts, Transformationen, Mutationen, Annäherungen und Entfernungen. Stunde 0. Neubeginn.

Mit Duchamps »Readymades« gab der Künstler die Kreativität an die Industrie weiter. Viele Maler bewunderten die neu entstehende Maschinenästhetik. Duchamp sagte 1912 zu Léger während eines gemeinsamen Besuchs einer Flugzeugtechnik-Ausstellung: »Die Malerei ist erledigt. Wer wird denn jemals etwas Besseres machen als so einen Propeller? Sag mir, schaffst du das?« (Janis Mink, *Duchamp*.)

Der andere, zweite Weg führte in die Technikfeindlichkeit und zur Verherrlichung der naiven Kraft der Primitiven. Daß bei dieser Entwicklung ein altes 19.-Jahrhundert-Museum in Paris eine große Rolle spielte, wirkt wie Ironie der Geschichte: Im Völkerkundemuseum von Paris sahen Braque und Picasso zum ersten Mal die archaischen Masken aus Schwarz-Afrika, die bei der Erfindung des Kubismus eine wichtige Rolle spielen sollten. Andere Maler – Gauguin, Nolde und Pechstein – fuhren selbst nach Afrika und in die Südsee, um diese fremden Kulturen aus eigener Anschauung kennenzulernen. Die Moderne er-

2. Römische Zeit, Stadtmuseum Wiesbaden, 2005. Modell.

2. Roman period, Stadtmuseum Wiesbaden, 2005. Model.

After Malevich had painted his *White Square on a White Ground* in 1919, he was so horrified by it that he spent the rest of his life painting Russian peasant girls as colourful, sentimental icons, just as he had done as a young man (though some of them were alienated by Cubist techniques).

These empty picture spaces proved just as unsuitable for long-term human habitation as the tidy, white Bauhaus spaces. Nevertheless, such »obliterations« of all previous images from art history represented art history's radical zero point. Adolf Loos's statement that all ornament was a crime (»the evolution of culture is synonymous with removing ornament from consumer goods«) sanctified empty spaces from then on and criminalized ornament. An exaggeration almost as surreal as cabaret, but it was meant seriously!

Since then it is no longer possible to speak of art history in the traditional sense; people have simple circled around this zero point, effecting transformations, mutations, approximations and removals. Zero hour. Fresh start.

Duchamp's »readymades« passed creativity on to industry. Many painters admired the newly emerging machine aesthetic. Duchamp said to Léger in 1912 during a joint visit to an air show: »Painting is washed up. Who'll do anything better than that propeller? Tell me, can you do that?« (Janis Mink, *Duchamp*.)

The other, second path led to technophobia and the glorification of the naïve power of the primitive. It is something like an irony of history that an old 19th century museum in Paris played a major part in this development: Braque and Picasso saw archaic masks from black Africa for the first time in the ethnology museum in Paris; these were to be an important factor for the invention of Cubism. Other painters – Gauguin, Nolde and Pechstein – travelled to Africa and the South Seas themselves to get to know these alien cultures by studying them themselves. Modernism seemed suspect to them, they wanted to get back to the origins, to the hand-hewn stone axe, to the self-built hut. Heidegger underpinned this intellectual trend with his Nazi-tinged writings.

But the smallest possible number of artists gave any thought to the place where there works would end up some time: the museum. Once they had sold their pictures they didn't have any more say. Nevertheless, they probably saw all the world's great museums as their secret destination. Anyone who hung and hangs there with his paintings has made it and takes his or her place among the god-like immortals. The hierarchies have been formed and seem unalterable. The question is, are they really?

Even Malevich's *White Square on a White Ground* hangs in a museum now – in the Museum of Modern Art, New York. Anyone currently thinking about the terms »art«, »beauty« and »museum« has to take the white picture into consideration.

After the disaster of the Second World War, survivors in Europe could scarcely believe that art still existed. (Many works had been sent to old mining galleries and deep castle cellars for safekeeping.) Starving, the people who had been woken up to a new life and risen from the ruins went to concerts and exhibitions. Everyone realized »... that art is a fragile and irreplaceable asset, a heritage of humanity – perhaps the only one that people have in common, as Malraux saw it ...« (Pedro Azara, Carlos Guri Hardt, *Bühnen- und Ausstellungsarchitektur*.)

Exhibitions like the first »documenta« in Kassel (1955) and the great shows of the classics in the Munich »Haus der Kunst« showed a fresh start, moving towards post-war Modernism. Arnold

schien ihnen suspekt, sie wollten zurück zum Ursprung, zum selbst behauenen Steinkeil, zur selbst gebauten Hütte. Heidegger untermauerte diese geistige Tendenz mit seinen braun angehauchten Schriften.

Die wenigsten Künstler allerdings dachten über den Ort nach, an dem ihre Werke später einmal enden würden: das Museum. Waren die Bilder einmal verkauft, hatten sie keinen Einfluß mehr. Trotzdem sahen sie wahrscheinlich alle die großen Weltmuseen als geheimen Zielort an. Wer dort mit seinen Gemälden hing und hängt, hat es geschafft, gehört von jetzt an zu den göttergleichen Unsterblichen. Die Hierarchien haben sich gebildet und scheinen unverrückbar. Die Frage ist, ob sie es wirklich sind.

Auch das Gemälde *Weißes Rechteck auf weißem Grund* von Malewitsch hängt heute im Museum – im Museum of Modern Art, New York. Wer jetzt über die Begriffe »Kunst«, »Schönheit« und »Museum« nachdenkt, muß das weiße Bild mitbedenken.

Nach der Katastrophe des Zweiten Weltkriegs konnten die Überlebenden in Europa kaum glauben, daß die Kunst noch existierte. (Viele Werke waren ausgelagert in alte Bergwerkstollen und tiefe Burgkeller.) Ausgehungert besuchten die neu zum Leben Erweckten und aus den Ruinen Auferstandenen Konzerte und Ausstellungen. Allen wurde klar, »... daß die Kunst ein zerbrechliches und unersetzliches Gut ist, ein Erbe der Menschheit – vielleicht das Einzige, das die Menschen gemeinsam besitzen, wie Malraux es sah ...« (Pedro Azara, Carlos Guri Hardt, *Bühnen- und Ausstellungsarchitektur*.)

Den Aufbruch in die Nachkriegsmoderne zeigten Ausstellungen wie die erste »documenta« in Kassel (1955) und die großen Klassikerschauen im Münchner »Haus der Kunst«. Besonders die Aktivitäten Arnold Bodes in Kassel erregten weltweit Aufsehen, weil sie mit sparsamen, fragmentarischen Mitteln zeigten, daß das Pathos Arno Brekers und Albert Speers in Deutschland endgültig erloschen war. Der Nullpunkt erschien wieder und leuchtete als neue Sonne der Wahrheit. Die Ruinen des Weltkriegs ragten wie schweigende Mahnmale in diese Zeit hinein und erklärten den Pathosweg endgültig zur Lüge und zum tödlichen Irrtum. Die Hervorbringungen des »Dritten Reichs« blieben versteckt in den Depots. Niemand wollte mehr ernsthaft etwas wissen von »entarteter Kunst« oder »Führerkult«.

Bemerkenswert in diesem Zusammenhang ist der Wiederaufbau von Klenzes Alter Pinakothek in München. Man bewahrte die Spuren der Zerstörung und fügte das Neue nur vorsichtig und sparsam ein. Der Besucher schreitet die ihm endlos lang erscheinende Treppe hinauf ins Pantheon der Kunst, entlang einer verschrammten, weiß geschlemmten Klinkerwand, die wirkt wie eine riesige Klagemauer.

Das Interesse an Geschichte im allgemeinen, an Kultur- und Kunstgeschichte im engeren Sinn hielt sich in Deutschland dennoch in Grenzen. Die sechziger und siebziger Jahre des 20. Jahrhunderts dümpelten eher verhalten und bieder dahin. Während sich die großen Kunstzentren der Welt – Paris, London und New York – vital, mit neuer avantgardistischer Kraft zu Wort und zu Bild meldeten, war Deutschland mit Wiederaufbau und Geldverdienen beschäftigt. Man richtete sich ein.

Dann – Mitte der achtziger Jahre – kam Bewegung in die Museumswelt. Das breite Publikum entdeckte Kunst, Kultur und Geschichte neu. Viele Museen wurden aus- und umgebaut. Nach großen Wettbewerben entstanden spektakuläre Neubauten: in Mönchengladbach, Stuttgart, Hamburg, und in Paris sorgte das Centre Pompidou für Aufsehen, ähnlich wie Jahre später das Guggenheim Museum in Bilbao.

Jeder Architekt suchte nach einer neuen Formulierung des Mueumsgedankens. In Mönchengladbach war es der Naturaspekt, der zu vielgliedrigen, terrassenartig angeordneten Räumen führte, in Stuttgart gab es Anklänge an Schinkels Rotunde (hier allerdings nicht mehr als pathetische Eingangshalle genutzt, sondern zum Innenhof umgedeutet). Paris öffnete den Assoziationshorizont in Richtung Industriebau; jeder Besucher dachte beim Anblick der surrealen Klimarohrfassade an eine Raffinerie. In Bilbao schließlich entstand eine glänzende, barocke Skulptur, die sich theatralisch-tänzerisch am Hafen zur Schau stellt und fast schreiend auf sich aufmerksam macht.

Inzwischen gibt es in Deutschland über 4000 Museen. Dazu kommen jährlich genauso viele temporäre Ausstellungen. Die Welle der Begeisterung ist inzwischen – im Zuge der Geldknappheit – etwas abgeflaut. Trotzdem hält das Interesse an Geschichts- und Themenmuseen in Deutschland und Europa an und ist Teil der unterhaltenden und bildenden Freizeitindustrie geworden. Viele Menschen suchen Museen auf, um ihr Leben interessanter zu gestalten. Der banale Alltag erhält hier vielleicht Tiefgang. Museen als »Kirchen der Moderne«, als Meditationsorte in einer atheistischen Zeit.

»Museen und Ausstellungen gehören zu den Sinnagenturen der Moderne. Als Orte der Repräsentation und damit der Konstruktion von Kultur(en) nehmen sie eine einmalige Rolle ein: Durch das Deponieren und das Exponieren kommen die überlieferten Dinge zu ihrem Sinn. Die Attraktivität des Musealen, Begleitphänomen des 19. und 20. Jahrhunderts, gründet in der Ansprache aller Sinne – und hat ungeachtet der Bedeutung der neuen Medien die Wende zum dritten Jahrtausend überdauert.« (Gottfried Korff, *Museumsdinge, Deponieren und Exponieren*.)

Ich habe verschiedene Meinungen und Begründungen für die Wiederbelebung eines fast totgesagten Mediums gehört und gelesen. An erster Stelle wird die starke Verunsicherung der Menschen durch immer schneller fortschreitende Technisierung und Veränderung der Welt angeführt (zum Beispiel von Lübbe und Sloterdijk). Gerade noch lieb gewesene Dinge sind morgen bereits wieder verschwunden. Man muß Museen aufsuchen, um ihnen zu begegnen.

Menschen lieben das, was sie kennen und gewöhnt sind (»Wohnung«), fühlen sich unwohl im Fremden und Ungewohnten. Im Museum wird der fremd gewordene Alltag durch Vergangenheit erklärt.

Vielleicht ist auch das allgemeine Selbstbewußtsein gestiegen. Marcel Duchamps These, »... daß ein Werk vollständig von denjenigen gemacht wird, die es betrachten oder es lesen und die es, durch ihren Beifall oder sogar durch ihre Verwerfung, überdauern lassen ...« (Marcel Duchamp in einem Brief an Jehan Mayoux vom 8. 3. 1956, zitiert von Alexis Joachimides in *Mu-*

3. Einblickschächte in künstliche Ausgrabungssituationen, Stadtmuseum Wiesbaden, 2005. Modell.

3. Viewing shafts for the artificial dig, Stadtmuseum Wiesbaden, 2005. Model.

Bode's activities in Kassel in particular caused a world-wide stir because he used economical, fragmentary resources to show that the emotionalism of Arno Breker and Albert Speer was finally extinguished in Germany. The zero point appeared again, shining like a new sun of truth. Ruins from the Second World War towered into this period like silent memorials, finally declaring the path of emotionalism a lie and a deadly error. Products of the »Third Reich« remained hidden in stores and stacks. No one seriously wanted to know anything about »degenerate art« or the »cult of the Führer« any longer.

The rebuilding of Klenze's Alte Pinakothek is remarkable in this context. Traces of war damage were retained, and new features were introduced only cautiously and economically. Visitors walk up the apparently endless staircase into the Pantheon of art, along a scratched, whitened expanse of brick that seems like a gigantic wailing wall.

But despite all this, interest in history in general, and in cultural and art history in particular, remained limited in Germany. The 1960s and 1970s tended to potter on in subdued and conventional fashion. While the world's great art centres – Paris, London and New York – made their presence felt in words and images vitally, with new, avant-garde force, Germany was busy rebuilding and earning money. People were re-establishing themselves.

Then – in the mid 1980s – the museum world started to get moving. The general public rediscovered art, culture and history. Many museums were extended and modified. Major competitions led to spectacular new buildings: in Mönchengladbach, Stuttgart and Hamburg, and in Paris the Centre Pompidou caused a stir, just as the Guggenheim Museum in Bilbao was to do years later.

Every architect was trying to reformulate the idea of the museum. In Mönchengladbach the nature aspect was to the fore, producing multipartite spaces arranged like terraces, Stuttgart brought echoes of Schinkel's rotunda (though here it was not used as a dramatic entrance hall, but reinterpreted as an inner courtyard). Paris opened up the horizon of associations in the direction of the industrial building, reminding visitors of oil refineries as they saw the surreal façade made up of air-conditioning pipes. And finally in Bilbao a gleaming, Baroque sculpture emerged, displaying itself in a balletic performance by the harbour, almost shouting for attention.

In the mean time there are over 4000 museums in Germany. Just as many temporary exhibitions are also mounted each year. This wave of enthusiasm has now subsided somewhat – as money becomes less readily available. Nevertheless, Germany and Europe are still interested in thematic museums, which have become part of the entertaining and educating leisure industry. Many people turn to museums to make their lives more interesting. The banal everyday world can perhaps gain some depth here. Museums as the »churches of Modernism«, as places for meditation in a period of atheism.

»Museums and exhibitions are among the agents of Modernism's meaning. They play a unique part as places of cultural representation and thus of construction for culture(s): things that have been handed down acquire meaning from being deposited and exhibited. The attraction of museum quality, a phenomenon accompanying the 19th and 20th centuries, is based on addressing all the senses – and has survived the transition to the third millennium, despite the significance of the new media.« (Gottfried Korff, *Museumsdinge, Deponieren und Exponieren*.)

I have heard and read various opinions and justifications for the revival of a medium that had almost been declared dead. The first point that is identified (by Lübbe and Sloterdijk, for example) is people's great unease as a result of the ever more rapid imposition of technology and change on the world. Things we have just started to like have disappeared the next day. You have to go to a museum to find them.

People like things they are used to and familiar with (»family«), and feel uncomfortable with things

seumsinszenierungen), kann nicht hoch genug be-wertet werden. Jeder Besuch eines Museums wird so zu einem Votum für den Erhalt der Kunst und der historischen Dinge!

Duchamps Behauptung wurde in den achtziger Jahren noch übertrumpft von Joseph Beuys, dem damaligen Kunstpapst, der erklärte, alle Menschen seien Künstler, womit es keine Definitionsgrenzen mehr gäbe und alle menschlichen Äußerungen unter dem Aspekt der Kunst gesehen werden könnten und damit aufbewahrungswert wären. Die Beuys-These blieb nicht ohne gesellschaftliche Wirkung. Der Kunstbegriff erscheint heute so aufgeweicht, daß er von niemandem klar definiert werden könnte. Jeder Künstler und jeder Kunstkonsument hat seine eigene Sehweise. Die Grenzen zwischen Technik, Wissenschaft, Alltag, Berufswelt, Literatur, Medien, Sport, Theater, Oper, Show und Klamauk existieren nicht mehr. Jeder darf seine Vorschläge in die Diskussion einbringen. Hat er Erfolg, so wird ihm (oder ihr) ein Raum im Museum geöffnet.

Es gibt zwar nach wie vor die klassischen Gebäude mit ihren Sammlungen, die Liebhaber und Touristen strömen nach wie vor durch die erhabenen Räume; daneben haben sich jedoch andere Gesichtspunkte und mit ihnen andere Museumsgebäude etabliert. Heute gibt es Museen für alle nur denkbaren Themen: Technik, Autos, Militär, Landwirtschaft, Gartenbau, Bier, Photographie, Völkerkunde, Pfeifen, Tabak, Bücher, Madonnen, Andenken, Waschmaschinen, Engel, Musikinstrumente, Wasser, Anglerlatein, Archäologie, Wahrsagerei, Spielkarten, Porzellan, Kriminalfälle, Polizei, Ikonen, Post, Burgen, Verkehr, Fasnacht, Masken, Zeppeline, Naturkunde, Leder, Design, Kunstgewerbe, Puppenstuben, Arzneimittel, Münzen, Schätze, Bühnenbilder, Bauernhäuser, Astronomie, Meteore, Kohle, Wein, Prothesen, Schnitzkunst, Oper, Schiffe, Raumfahrt, Auswanderung, Einwanderung, Gefängnisse, Krankenhäuser, Gerichte, Besen, Bierdeckel, Uhren, Brillen, Ketten, Schuhe, Sex, Papier, Glocken, Pop, Gesang, Vorhänge, Knöpfe, Flugzeuge, Stühle, Perücken, Telefone, Computer, Buchstaben, Radios, Seuchen, Betten, Ehe, Wohnungen, Fehltritte, Möbel, Küchen, Kinder, Schlafzimmer, Kinos, Tresen, Tourismus, Alpinismus, Kettensägen, Sport, Fußball, Schokolade, Tauchen, Fallschirmspringen, Botanik, Eisenbahn, Wohnen, Tod, Beerdigung, Kirche, Weltall, Mathemathik, Kassen, Läden, Spiegel, Kunst, Stadtgeschichte, Familie, Katakomben, Pfahlbauten, Fischerei, Metzgerei, Weberei, Bahnhöfe, Autobahnen, Friedhöfe, Natur und vieles andere mehr ... Über jedes Thema läßt sich Geschichte neu und anders erzählen. Der Alltag und die regionale Stadtgeschichte sind ins Blickfeld gerückt. Damit kam es zu einer Wiedergeburt des »Heimatmuseums«. Jeder Berufsstand hat etwas zu erzählen. Die Kunst ist dabei zweitrangig geworden. Heute interessieren die Biographien fast mehr als die Werke selbst. Es genügt nicht, eine »Picasso«-Ausstellung zu organisieren, weit erfolgreicher verspricht das Thema »Picasso und die Frauen« zu werden. Heutige Bildungsbürger und -bürgerinnen kennen die Namen dieser Frauen auswendig, wollen immer mehr Details über sie erfahren und die Erkenntnisse mit den Gemälden vergleichen!

Ich bewerte diese Begriffsöffnung positiv und glaube, daß im jetzt herrschenden Kultur-Supermarkt jeder seinen eigenen Gedankenstrauß zusammenstellen kann und soll.

»Die Kultur ist die Substanz der Gesellschaft«, schreibt Udo di Fabio (in *Die Kultur der Freiheit*), man könnte hinzufügen »... ihr geistiger Inhalt, ihr Ausdruck«. Dieser »Ausdruck« wird nicht mehr in Carrara-Marmor gemeißelt, sondern – medial vagabundierend – heute als Film, morgen als Text, dann wieder als klingende CD formuliert und in die Öffentlichkeit gebracht. Hinter jedem Ausdrucks-Angebot versammeln sich Anhänger und Verehrer. Wem es als Künstler nicht gelingt, genügend Bewunderer zu finden, der wird in der Anonymität untergehen.

Was war geschehen? Die allgemeine Vorstellung von Kultur hatte sich stark verändert. Die Kulturwissenschaften beschäftigten sich mit Altagskultur genauso wie mit der Kultur der Kunstrezeption. Burke schreibt dazu: »Diese neue Gebrauchsweise ist strenggenommen gar nicht neu. Schon 1948 schrieb T. S. Eliot, ein Amerikaner, der Europa gleichsam mit den Augen eines Anthropologen betrachtete, in seinen *Beiträgen zum Begriff der Kultur,* die europäische Kultur umfasse neben anderen Elementen ›... Derby ..., das Wurfspiel ..., Kohl, im ganzen gekocht und dann in Scheiben geschnitten, rote Rüben in Essig, gotische Kirchen aus dem neunzehnten Jahrhundert und die Musik von Elgar.‹«

Die Öffnung und Zersplitterung der Begriffswelt schließt allerdings nicht aus, daß es Bilder und Strömungen (Pop-Musik) gibt, die fast jeder Erdbewohner kennt. Diese Leitbilder sind entscheidend für die Bildung einer Weltkultur. Es gilt, sie zu sammeln, auszustellen und zu untersuchen. Wenn wir alle die gleichen Bilder sehen, haben wir auch das gleiche kollektive Bewußtsein und die gleichen kollektiven Erinnerungen und damit die gleiche Kultur. Die Gegensätze verschleifen sich, und Aggressionen schwinden.

Vor allem die Filmindustrie – allen voran die gewaltige Erzählmaschine Hollywood – hat bereits vor 100 Jahren mit diesem Projekt begonnen. Als in Europa und in anderen Ländern der Welt noch kleinkarierte nationale Konflikte mit todbringendem Haß ausgetragen wurden, träumten die Hollywood-Mächtigen vom globalen Happy-end. Hier saßen und sitzen die wirklichen Pioniere einer humanen Weltkultur, die mit ihrem kommerziellen Denken zur Überwindung aller Religionskonflikte beigetragen haben und noch immer beitragen können. Wer will, kann in den Kinos die wahren Museen (und Kirchen) des 20. Jahrhunderts sehen. Daß mit der Fernseh-, Video- und DVD-Revolution heute so etwas wie ein globales Film-Museum entstehen kann, ahnten die Revolutionäre aus Hollywood anfangs noch nicht. In der Verbindung von Film und Fernsehen vollendet sich vielleicht ihr Projekt.

Jede Kultur braucht Erinnerung. Der einzelne wird erst dann zum kulturellen Wesen, wenn er seine Geschichte kennt, die seiner Familie, seines Landes, seiner Sprache, seiner Literatur, seiner Musik, seiner Region, seiner Stadt, seines Berufs, seiner Kunst, seiner Filme und Fernsehprogramme. Im Wort »Kultur« steckt etymologisch der Begriff »Kult«, also so etwas wie »Verehrung, Versammlung unter einer bestimmten Idee«. Die lateinische Wortquelle »colere« stammt eigentlich aus dem Bereich der Landwirtschaft und bezeichnet die richtige Pflege und Nutzung landwirtschaft-

that are strange and unfamiliar. In the museum, the past explains everyday things that have become alienated.

Perhaps people have become generally more self-confident as well. Marcel Duchamp's thesis: »... a work is made entirely by those who look at it or read it and who make it survive by their accolades or even their condemnation ...« (Marcel Duchamp in a letter to Jehan Mayoux dated 8.3. 1956, quoted by Alexis Joachimides in *Museumsinszenierungen*) cannot be valued too highly. It makes every visit to a museum into a vote for preserving art and historical things!

Duchamp's assertion was trumped in the eighties by Joseph Beuys, the high priest of art at the time, who declared that everyone is an artist, meaning that there are no more definitions and all human statements could be seen from the point of view of art and were thus worthy of being stored away. This proposition by Beuys was not entirely without social impact. The idea of art seems to have softened so much now that nobody can define it clearly any longer. Every artist and every art consumer has his own way of looking at things. The boundaries between technology, science, everyday life, professional life, literature, media, sport, theatre, opera, show and slapstick no longer exist. Anyone can add his ideas to the argument. If he is successful, he (or she) will be given a personal gallery in the museum.

The classical buildings with their collections do still exist, art-lovers and tourists still stream through the lofty galleries; but different points of view and with them different museum buildings have established themselves alongside. Today we have museums for anything you can think of: technology, cars, military matters, agriculture, horticulture, beer, photography, ethnology, pipes, tobacco, books, Madonnas, souvenirs, washing machines, angels, musical instruments, water, fishermen's Latin, archaeology, soothsaying, playing cards, porcelain, criminal cases, icons, mail, castles, transport, carnival, masks, zeppelins, natural history, leather, design, applied arts, dolls' houses, medicaments, coins, treasure, stage sets, farmhouses, astronomy, meteors, coal, wine, artificial limbs, carving, opera, ships, space travel, emigration, immigration, prisons, hospitals, courts, brooms, beer mats, clocks, spectacles, chains, shoes, sex, paper, bells, pop, song, curtains, buttons, aircraft, chairs, wigs, telephones, computers, letters of the alphabet, radios, epidemics, beds, marriage, homes, aberrations, furniture, kitchens, children, bedrooms, cinemas, bar counters, tourism, alpinism, chain saws, sport, football, chocolate, diving, parachuting, botany, railways, ideal homes, death, burial, church, universe, mathematics, tills, shops, mirrors, gardening, art, municipal history, families, catacombs, lake dwellings, fishing, butchery, weaving, stations, motorways, cemeteries, nature and much more besides ... History can be told in a new and different way through any subject. Everyday life and regional municipal history have come into view. This led to the resurgence of the »local history museum«. Every profession has something to tell us. Here art has become of secondary importance. Today the biographies are almost more interesting than the works themselves. It is not enough to organize a »Picasso« exhibition, people will be far more interested in »Picasso and Women«. Educated citizens now know these women's names by heart, want to find out more details about them and compare their insights with the paintings.

I feel that this opening up of the concept is positive, and believe that in the culture supermarket that now predominates everyone can and should put together his or her own bouquet of ideas.

»Culture is the substance of society,« writes Udo di Fabio (in *Die Kultur der Freiheit*), and one could add »... its intellectual content, its expression«. This »expression« is no longer carved in Carrara marble but – drifting from medium to medium – is formulated today as a film, tomorrow as a text, then again as a sonorous CD, and made available to the public. Supporters and admirers collect behind every offer of expression. Anyone who is unable to find enough admirers as an artist will sink into anonymity.

What had happened? The general idea of culture had changed considerably. Cultural academic disciplines address everyday culture just as much as art reception culture. Burke says about this: »Strictly speaking there is nothing new about this new way of using things. As early as 1938, T. S. Eliot, an American who looked at Europe with the eyes of an anthropologist, as it were, wrote in his *Notes Towards the Definition of Culture* that European culture includes, along with other elements ›... Derby Day ..., the dart board ..., boiled cabbage cut into sections, beetroot in vinegar, 19th-century Gothic churches and the music of Elgar.‹«

But opening up and splintering the conceptual world does not exclude images and movements (pop music) that almost everyone living on the earth knows. These models are crucial to the formation of a world culture. They have to be collected, exhibited and examined. When we all see the same images, we also have the same collective unconscious and the same collective memories, and thus the same culture. Differences are smoothed out and aggressions diminish.

The film industry in particular – above all Hollywood's great narrative machines – launched this project a hundred years ago. When in Europe and in other countries in the world small-minded national conflicts were still being fought out with deadly hatred, the Hollywood powers-that-be were dreaming of a global happy ending. This is where the real pioneers of a humane world culture were and are to be found. Their commercial thinking had contributed to resolving all religious conflicts, and could continue to do so. It is possible to see cinemas as the true museums (and churches) of the 20th century. The Hollywood revolutionaries were not aware at first that the television, video and DVD revolution can produce something like a global film museum. Their project may be reaching its perfect conclusion in the combination of film and television.

Every culture needs memory. Individuals only become cultural beings when they know their own history, the history of their family, their country, their language, their literature, their music, their region, their town, their profession, their art, their films and television programmes. Etymologically the word »culture« contains the concept of »cult«, in other words something like »worship, assembly in the name of a particular idea«. The Latin source word »colere« actually comes from agriculture and

licher Flächen, auch die Bekämpfung von Unkraut. »Über Kultur zu reden heißt demnach, nach Identität, Sinn und prägender Ordnung einer Gemeinschaft von Menschen zu fragen.« (Udo di Fabio, *Die Kultur der Freiheit*.) Wer keine Erinnerung und kein Gedächtnis besitzt, hat auch keine Individualität, kein Bewußtsein (Bewußtsein ist Erinnerung), kein persönliches Ich und lebt auf dem primitiven Bewußtseinsstand eines Tieres. Seine Beweggründe sind vom Instinkt geprägt, nahe dem vegetativen O-Punkt. (Hier ist er wieder, dieser Nullpunkt!) Wer sein Gedächtnis verliert und vergißt, wer er ist und woher er kommt, verkümmert zu einem bemitleidenswerten Wesen, das in heimatloser Einsamkeit versinkt.

Die Religionen besaßen über Jahrhunderte ein Monopol in Sachen Kultur und Erinnerung. Sie betonierten ihre Gesetze quer durch die Städte und Länder, durch die Familien und Gehirne. Ihre Starrheit hatte etwas Beeindruckendes, Sinnstiftendes. Aber auf Dauer überwogen die daraus resultierenden Nachteile: Wie fremdgesteuerte Wesen neigten und neigen sich die Gläubigen der Welt (kultisch) vor irgendwelchen Statuen, Altären, Steinblöcken, Felsen oder Bäumen. Im festen Glauben an eine (fiktive) Wahrheit unterwarfen und unterwerfen sie fremde Völker. Die Inquisition verfolgte Abtrünnige und Freigläubige. Im Namen eines schweigenden Gottes (schweigender Götter) wurde und wird erzogen, gestraft, beschnitten, gefoltert, gequält, gehäutet, gevierteilt, geteert, gekreuzigt, vergewaltigt und gemordet.

Und heute? Die integrierenden, wertstiftenden, allgemeingültigen Kulturnormen gibt es nicht mehr. Die Angebotspalette hat sich pluralistisch aufgefächert. Museen, Ausstellungen, Kinos, Fernsehprogramme, Bücher, Architekturen, Straßen und Städte tragen ihren Teil dazu bei. Über die Grenzen und Grenzverwischungen zwischen purer Funktion, Unterhaltung, Information, Belehrung und tiefem, meditativem Kunsterlebnis kann nicht allgemeingültig geurteilt werden. Jeder Konsument sieht und fühlt das anders. Immer wird dabei die Öffnung des Individuums hin zum Kollektiv (die Wechselwirkung zwischen diesen beiden Polen), zur Gesellschaft, zur Gattung Mensch (der »Menschheit«!) eine große Rolle spielen.

Im Zeitalter des totalen Kapitalismus kommt dem Geld als Entscheidungsfaktor eine große Bedeutung zu. Reiche Menschen können mehr zum Erfolg bestimmter Maler beitragen als arme. In anderen Bereichen – Theater, Film, Fernsehen, Sport – entscheidet die Menge: Je mehr Menschen zuschauen, um so erfolgreicher wird ein Programm, ein Schauspieler oder eine Schauspielerin. Einerseits können nur die Superreichen wertvolle Gemälde kaufen (manche Bilder van Goghs oder Picassos haben bereits die Schallgrenze von 100 Millionen Dollar durchbrochen), andererseits kann sich fast jeder interessierte Mensch der Welt für kleine Münze eine Reproduktion (zum Beispiel eine Postkarte) dieser Bilder kaufen. Mit Film und Fernsehen sind die künstlichen, bewegten und kulturprägenden Bilder der Welt auch für fast jedermann zugänglich. Das ganze Ausstellungs- und Museumswesen hat sich so weit demokratisiert, daß nur die Ärmsten nicht daran teilhaben können. (Sie haben andere Probleme.)

Wer genau hinsieht, entdeckt in vielen Phänomenen alte Gesichter und Inhalte: Wer früher Maria anbetete, glaubt jetzt an Marilyn Monroe oder Naomi Campbell. Wer früher sein Seelenheil in der Auferstehung Christi sah, glaubt jetzt ans Happy-end. Aus dem Erntedankfest wurde der Sommerschlußverkauf, aus Ostern die Reise ans Meer und aus Weihnachten das Geldopfer im Kaufhaus. Wer früher zur Beichte ging, sucht jetzt einen Psychiater auf. Wer früher sein Haus und sein Pferd weihen ließ, damit beiden nichts zustieß, schließt heute eine Versicherung ab. Die Antriebe sind die gleichen.

Manche Menschen besuchen – um neue Kraft zu sammeln – Wälder, steigen auf Berge oder wandern stundenlang am Meer entlang, andere schauen sich Filme, Theater- oder Opernaufführungen an, und wieder andere (manchmal sind es auch die gleichen) gehen hin und wieder ins Museum. Ob sie dabei einer der Musen begegnen oder nur sich selbst, müßte man durch diskrete Umfragen ermitteln.

Wenn ich jetzt versuche, meine Museumsdefinition einzukreisen, muß ich zunächst betonen, daß ich im Grunde nichts anderes unternehme, als Entwicklungen und Bestrebungen, die es bereits gibt, aufzugreifen und miteinander zu verknüpfen. Insofern beinhalten meine Texte und Überlegungen nichts Neues. Trotzdem glaube ich, mit der Erweiterung der Perspektive und der Öffnung neuer Weg-Räume, die oft Verknüpfungsräume und Kreuzungssysteme sind, einen Schritt über das Bestehende hinauszugehen. Genau das, was mir vorschwebt, habe ich bisher noch nirgendwo gesehen.

Für mich ist das Museum ein gebautes, funktionierendes Gehirn mit Bewußtsein (Gegenwart), Planungsfähigkeit (Zukunft) und Gedächtnis (Vergangenheit). Weniges riecht hier nach Tod.

Die Kunst spielt dabei eine untergeordnete Rolle. In meiner Vorstellung wird in diesem neuen Museum alles gesammelt, was sich ereignet und was von Menschen hervorgebracht worden ist. Mir geht es darum, die heutigen Einzelmuseen zusammenzufassen und damit die Hermetik des speziellen Blicks zu durchbrechen. In meinen Räumen sollen sich Picasso-Bilder mit Skulpturen aus Schwarz-Afrika, Flugzeuge, Autos, Verkehrsampeln, Schaufenster, Theateraufführungen mit ihren Bühnenbildern, Propeller, Modelle der großen Ozeanliner und Filme, Photos mit Blicken in die Straßen der Entstehungszeit begegnen. Die Ansammlung wissenschaftlich geordneter Bilder sagt wenig über eine Zeit aus; die wirklichen Vernetzungen, Beeinflussungen und Kombinationen sind wichtiger. Vor allem der Blick in die Trivialwelten – Zeitungen, Comics, Werbung, Schlager, Vorstadtkabaretts – wird zeigen, daß sich hier oft die wahren Bildlabors befanden. Kunst hat sich dadurch anregen lassen. Das gleiche gilt für die Industrie-Entwicklungen.

Einzelthemen und Themenausstellungen bekommen die Funktion von Essays, von fokussierenden Einzelblicken. Übergeordnet betrachtet, gilt es, Entwicklungen ganzheitlich zu beschreiben und Zusammenhänge aufzudecken. Die großen, einfachen Grundfragen werden gestellt: Warum haben sich Dinge und Ereignisse so entwickelt und nicht anders? Hätte es auch anders kommen können? Wo liegen die Weichen, wo die Sackgassen? Welche Aspekte wurden überbetont, welche vernachlässigt? Jedes Jahrzehnt hat sein Hauptthema (zum Beispiel Bedrohung durch Kommunismus

defines the correct husbandry of agricultural land, and also weed control. »So talking about culture means enquiring about identity, meaning and the way order is imposed upon a community of human beings.« (Udo di Fabio, *Die Kultur der Freiheit*.) Anyone with no recollections and no memory is also lacking in individuality and consciousness (consciousness is memory), has no personal ego, and lives on the primitive consciousness level of an animal. His motives are shaped by instinct, close to the vegetative zero point. (Here it is again, that zero point!) Anyone who loses his memory and forgets who he is becomes a stunted, pitiful creature, sinking into homeless loneliness.

For centuries religions held a monopoly in matters of culture and memory. They set their laws in stone in every town and country, every family and every mind. There was something impressive and meaningful about their rigidity. But in the long run, the resultant disadvantages prevailed: like remote-controlled creatures, the world's faithful (ritually) bowed and bow before any old statues, altars, stone slabs, rocks or trees. They subjugated and subjugate alien peoples in their firm belief in a (fictitious) truth. The inquisition pursued apostates and free thinkers. In the name of a silent god (silent gods), people were and are educated, punished, circumcised, tortured, tormented, flayed, quartered, tarred, crucified, raped and murdered.

And today? We no longer have cultural standards that integrate, endow with value, and are generally valid. The range on offer has broadened pluralistically. Museums, exhibitions, cinemas, television programmes, books, architecture, streets and cities all contribute to this. There can be no generalized value judgements beyond the clearly defined or blurred boundaries between pure function, entertainment, information, instruction and profound, meditative experience of art. Every consumer sees and feels things differently. The way individuals open up to the collective (the interplay between these two poles), to society, to man as a species (»humanity!«) is a very important element.

In the age of total capitalism, money is of course a crucial deciding factor. Rich people can make a greater contribution to the success of certain painters than poor people. In other spheres – theatre, film, television, sport – the crowd decides: the more people watch, the more successful a programme or actor is. Only the super-rich can buy valuable paintings (some pictures by van Gogh or Picasso have already broken through the 100 million dollar barrier), but almost anyone in the world who is interested can buy a reproduction (a postcard, for example) of these pictures for a small sum. Film and television also make artificial, moving images of the world, images that shape culture, accessible to almost everyone. The whole exhibition and museum business has become so democratized that only the poorest cannot participate. (They have other problems!)

Anyone taking a closer look discovers old faces and subject matter in many phenomena: people who used to worship Mary now believe in Marilyn Monroe or Naomi Campbell. People who used to find their salvation in Christ's resurrection now believe in the happy ending. The harvest festival has become the autumn sale, and Easter is now a trip to the seaside and Christmas an offering of money in the department store. People who used to go to confession now seek out a psychiatrist. People who used to have house and horse blessed so that nothing would go amiss with them now take out insurance. The incentives are the same.

Many people go into forests – to find new strength –, climb mountains or walk by the sea for hours, others watch film, theatre or opera performances, and others again (or sometimes they are the same ones) go to museums from time to time. Only discrete questionnaires could reveal whether they meet one of the Muses there or just themselves.

If I now try to sharpen my definition of the museum I have first to emphasize that essentially I am merely picking up developments and aspirations that are already there and linking them with each other. In this respect there is nothing new in my writing and thoughts. Nevertheless I think that I am going a step beyond what is already there by broadening the perspective and opening up new spaces for pathways that are often spaces for connections or intersection systems. I have so far not seen precisely what I have in mind anywhere at all.

For me a museum is a constructed, functioning brain with consciousness (present), the ability to plan (future) and memory (past). Nothing much that smells of death here.

Art plays a subordinate part in this case. My idea would be that this new museum would collect everything that happens and that has been produced by people. I want to bring today's individual museums together and thus break down the hermetic qualities of the specialized eye. Pictures by Picasso will meet sculptures from black Africa in my galleries, aircraft, cars, traffic lights, shop windows, theatre performances with their sets, propellers, models of the great ocean liners and films, photographs with views of the streets as they were when these things came into being. An accumulation of scientifically arranged images says little about a period; the real connections, influences and combinations are more important. And above all, a glance at the world of trivia – newspapers, comics, advertising, hits, suburban cabarets – will show that this is where the true picture labs were. Art has let itself be stimulated by these. The same applies to industrial developments.

Individual subjects and themed exhibitions take on the function of essays, of individual views that provide a focus. The overriding need is to describe developments as a whole and unearth connections. The large, simple basic questions are asked:

Why did things and events develop as they did and not otherwise? Could it have turned out differently? Where are the crossroads, where are the culs-de-sac? Which aspects have been overemphasized and which neglected? Every decade has its main theme (for example the threat of communism or capitalism, nuclear weapons, the Vietnam War, destruction of the environment ...), how did that happen?

Who are the principal architects of thought? How do individual areas fit together (fashion, architecture, philosophy, literature, film, television, advertising, new media)?

How do the world and everyday life work, who has power, and how is it expressed?

oder Kapitalismus, Atombomben, Vietnamkrieg, Umweltzerstörung ...), wie kam es dazu?

Wer sind die bestimmenden Gedankengeber? Wie hängen Einzelbereiche miteinander zusammen (Mode, Architektur, Philosophie, Literatur, Film, Fernsehen, Werbung, neue Medien)?

Wie funktionieren die Welt und der Alltag, wer hat die Macht, worin drückt sie sich aus? Was ist Gesellschaft, was ist Kultur, was Realität, was Fiktion, was sind Zeit, Raum, Subjekt und Objekt? Wer bin ich? Woher komme ich? Wohin gehe ich?

Beschreibende Überblicke versuchen, Vergangenheit zu erklären, das einzelne Subjekt mit der Gesellschaft zu verknüpfen. Ähnlichkeiten werden aufgespürt, Unterschiede herausgearbeitet. Manches Rätsel löst sich, anderes bleibt in seiner dunklen Absurdität bestehen.

Die mir vorschwebenden Ausstellungen haben den Charakter von phänomenologischen Untersuchungen und hermeneutischen Übersetzungen: Objekte werden in Worte und Sätze übersetzt, in Textzusammenhänge gebracht. Sprache wird in Bilder, Bilder werden in Sprache übersetzt. Unterbewußtsein in Bewußtsein, Geschichte in Gegenwart, Gegenwart in Geschichte. Unsichtbares in Sichtbares. Absurdes in Verständliches. Mich interessieren alle Bedeutungs- und Wirkungsfelder (quer durch die Disziplinen). Wo liegen ihre Koordinaten, wo ihre Zentren, wo ihre Grenzen? Welche Definitionen führen ins Innere, welche nach außen, ins Unendliche, welche ins Absurde, welche in die Metaphysik?

Mich interessieren Assoziationen, Metabilder, Rhizome, übergeordnete und untergeordnete Gedankenvernetzungen. Ein Objekt (eine Situation, ein Vorgang, ein Ereignis) wird eingekreist, durchleuchtet, abgebildet, befragt, geröntgt, in seiner Vernetzung mit der Welt (Bedeutungen, Funktionen) beschrieben und am Ende (vielleicht) verstanden. Möglicherweise ist auch aus einem Bekannten ein Unbekannter geworden. Jeder hat es erlebt: Das zu oft ausgesprochene Wort wird mit der Zeit immer fremder, unverständlicher, bis sich dann – später – ein tieferes Verhältnis daraus entwickelt (oder auch nicht). Wir erinnern uns an Ludwig Wittgensteins Satz: »Die Grenzen meiner Sprache sind die Grenzen meiner Welt.«

Im Schlußkapitel des Buches, in dem das Global Museum vorgestellt wird, komme ich auf diese Themen zurück. Sie werden Bestandteil des neuen Museums sein.

Meine Haltung gegenüber dem Phänomen Museum ist die eines Universalisten, eines Phänomenologen und eines Atmosphärikers. Ich will alles wissen über eine Zeit und ein Thema, ich will in das Bewußtsein der Vorgänge eindringen. Die gesammelten Objekte – Gemälde, Skulpturen, Möbel, Photos, Filme, Dokumente, Pläne, Texte, Zeichnungen, Skizzen – sind für mich Türen. Ich öffne sie und trete als Besucher-Betrachter in den geistigen Raum ein, der sich dahinter verbirgt.

Als Gestalter und Architekt versuche ich, bei meinen Raumlösungen je nach Thema und Themenbereich eine klar strukturierte Atmosphäre zu bauen, die es dem Besucher leicht macht, konzentriert in die Geschichte einzudringen. Meine Arbeitsweise ist assoziativ und konstruktiv, bewegt sich zwischen gliedernder »Problemlösung« und surreal wuchernder Bild-Architektur. Ausstellungs- und Museumsarchitektur mischt sich ein, wenn die Objekte schwach und erklärungsbedürftig sind, sie hält sich zurück, wenn die Objekte aussagekräftiger werden. Je stärker der Eingriff, desto mehr kann man von Ausstellungs-Inszenierung und Szenographie sprechen. Dann entstehen Bühnenbilder, die das an sich stumme Objekt in eine Art bildhafte Erzählung einbetten. »Mit Hilfe der Szenographie versucht der Mensch, einen Raum zu schaffen, wo die Träume, die seiner Vorstellungskraft entspringen und die aus einer anderen Welt kommen, Platz haben können. Die Träume der Vernunft gebären Ausstellungen.« (Pedro Azara, Carlos Guri Harth, *Bühnen- und Ausstellungsarchitektur*.)

Meine Reflexionen zu diesen Themenkomplexen stehen nicht isoliert da. Es gab viele Gestalter, Architekten, Philosophen, Regisseure, Bühnen- und Szenenbildner vor mir, die ähnliche Gedanken und ästhetische Ideale hatten. Als ich in den siebziger Jahren des 20. Jahrhunderts begann, in das Geschehen aktiv einzugreifen, entdeckte ich für mich Vorbilder, an die ich hier voll Hochachtung erinnern will: Wladimir Tatlin, László Moholy-Nagy, Georg Simmel, Ludwig Wittgenstein, Adolf Loos, Ernst Bloch, Walter Benjamin, Erich Kettelhut, Fritz Lang, Robert Mallet-Stevens, Josef von Sternberg, Norman Bel Geddes, Cedric Gibbons, Hans Dreier, Alfred Hitchcock, John Huston, Raymond Loewy, Le Corbusier, Alvar Aalto, Carlo Scarpa, Gae Aulenti, Hans Hollein, Wilfried Minks, Ruth Berghaus, Peter Walker und Geoffrey Jellicoe.

Das vorliegende Buch berichtet zunächst von meinen Projekten aus den Jahren 2000 bis 2006 und mündet dann im letzten Kapitel in die Vorstellung des Global Museum. In diesem Zeitraum habe ich vier Museen, zehn Ausstellungen in Deutschland, vierzehn Bühnenbilder in Europa, USA und Rußland, außerdem einen Park (in Deutschland) entworfen und gebaut.

Meine Beiträge sind nur als Beispiele gedacht. Gemessen am Gesamtweltbauvolumen in den Bereichen Museum, Ausstellung, Bühnenbild und Landschaftsgestaltung fallen sie kaum ins Gewicht. Trotzdem glaube ich, mit diesem Buch Anregungen geben und vor allem den utopisch-surrealen Aspekt des Themas herausstellen zu können. Denn letzlich geht es mir auch darum, die rein wissenschaftliche, klinisch-saubere, hygienisch-aseptische Sachlichkeit von Ausstellungen und Museen aufzubrechen und die Phantasie zu ihrem Recht kommen zu lassen. Sie gehört ebenso zur Evolution der Kultur wie die Naturwissenschaften, die Verkehrsampel, das Buch und der Bilderrahmen.

What is society, what is culture, what is reality, what is fiction, what are time, space, subject and object? Who am I? Where do I come from? Where am I going?

Descriptive surveys attempt to explain the past, to link individual subjects with society. Similarities are identified, differences articulated. A lot of riddles are solved, others persist in their dark absurdity.

The exhibitions I have in mind are like phenomenological studies and interpretative translations: objects are translated into words and sentences, placed in textual contexts. Language is translated into images, images into language. Subconsciousness into consciousness, history into the present, the present into history. The invisible into the visible. The absurd into the comprehensible. I am interested in all fields of meaning and impact (right across the disciplines). Where are their coordinates, their centres, their boundaries? Which definitions take us to the heart of matters, which take us outwards, into the infinite, into the absurd, into metaphysics?

I am interested in associations, meta-images, rhizomes, higher and lower intellectual connections. An object (a situation, a procedure, an event) is defined more precisely, illuminated, illustrated, interrogated, X-rayed, described in its linkage with the world (meanings, functions) and ultimately (perhaps) understood. Possibly something known has become something unknown. Everyone has experienced it: a word that is pronounced too often becomes ever more alien with time, more incomprehensible, until then – later – a more profound relationship develops from it (or not). We remember Ludwig Wittgenstein's statement: »The limits of my language are the limits of my world.«

I shall return to these themes in the final chapter of this book, which introduces the Global Museum. They will become components of the new museum.

My approach to the museum phenomenon is that of a universalist, a phenomenologist and a seeker after atmosphere. I want to know everything about a particular time and subject, I want to penetrate the consciousness of the processes. The objects collected – paintings, sculptures, furniture, photographs, films, documents, texts, drawings, sketches – are doors for me. I open them and enter the intellectual space behind them as a visitor-observer.

As a designer and architect I try to construct a clearly structured atmosphere for my spatial solutions, according to subject and subject area, an atmosphere that makes it easy for visitors to penetrate history in a concentrated fashion. My working methods are associative and constructive, moving between »problem solutions« that create structure and surreally proliferating image architecture. Exhibition and museum architecture become involved when the objects are weak and need explanation, but they hold back when the objects become more expressive. The stronger the intervention is, the more it is appropriate to speak of staging exhibitions and scenography. This lead to stage sets that embed the essentially dumb object in a kind of pictorial narrative. »A person tries with the aid of scenography to create a space where the dreams that spring from his imagination and that come from another world are able to find room for themselves. Dreams of reason give birth to exhibitions.« (Pedro Azara, Carlos Guri Harth, *Bühnen- und Ausstellungsarchitektur.*)

My reflections on these thematic complexes are not there in isolation. There have been many designers, architects, philosophers, directors, stage and scenic designers before me who had similar ideas. When I started to intervene actively in events in the 1970s I discovered models for myself that I would like to put on record here with the greatest respect and admiration: Vladimir Tatlin, László Moholy-Nagy, Georg Simmel, Ludwig Wittgenstein, Adolf Loos, Ernst Bloch, Walter Benjamin, Erich Kettelhut, Fritz Lang, Robert Mallet-Stevens, Josef von Sternberg, Norman Bel Geddes, Cedric Gibbons, Hans Dreier, Alfred Hitchcock, John Huston, Raymond Loewy, Le Corbusier, Alvar Aalto, Carlo Scarpa, Gae Aulenti, Hans Hollein, Wilfried Minks, Ruth Berghaus, Peter Walker and Geoffrey Jellicoe.

The present book reports first on my projects from the years 2000 to 2006 and then ends up by introducing the Global Museum idea in the last chapter. In this period I designed and constructed four museums, ten exhibitions in Germany, fourteen stage sets in Europe, the USA and Russia, and also a park (in Germany).

My contributions are intended only as examples. They carry scarcely any weight when set against the overall volume of work in the museum, exhibition, stage set and landscape design fields. I nevertheless believe that this book will provide some ideas and above all bring out the utopian and surreal aspect of the theme. For ultimately I am also concerned to crack open the purely academic, clinically clean, hygienically aseptic functionality of exhibitions and museums and to allow imagination its rightful place. It too is as much part of the evolution of culture, as the sciences, traffic lights, books and picture frames.

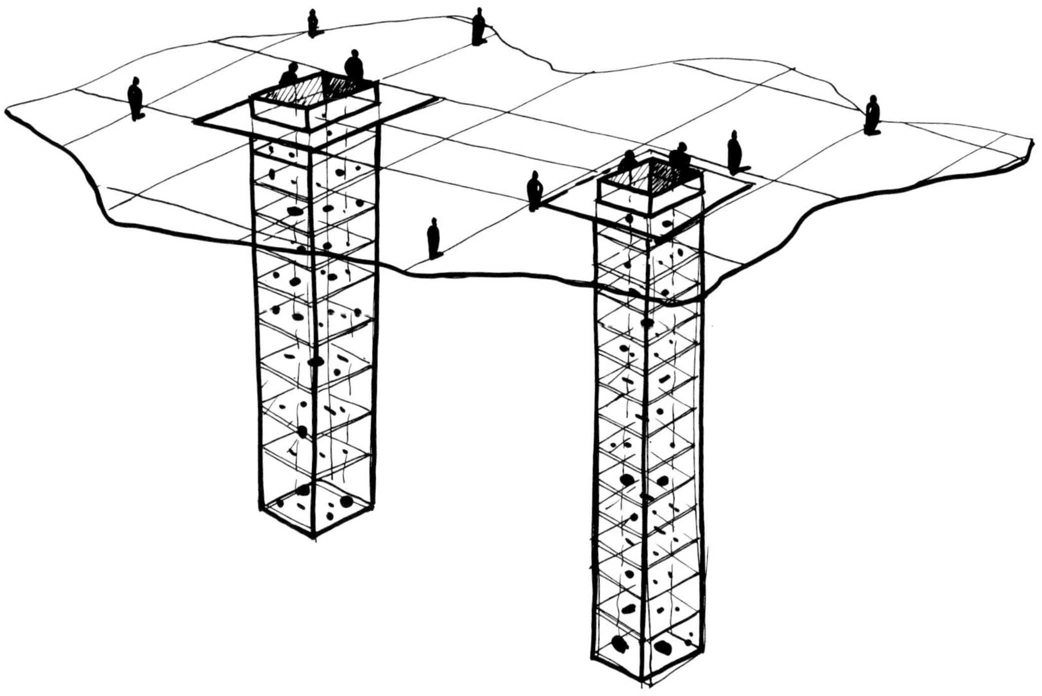

Archäologie des Bewußtseins: Museen und Ausstellungen. Innenräume

Jeder Mensch beginnt sein Leben als hilfloses, liegendes Baby, muß stehen, gehen und sprechen lernen, langsam seine Umgebung erforschen und sich zu einem bewußten Ich hocharbeiten. Elternhaus, Kindergarten, Schule, Lehre oder Universität formen das Kind zu einem gesellschaftlichen Wesen. Im Rückblick erscheint die Kindheit – sofern sie überhaupt erinnert werden kann – wie eine paradiesische Zeit oder eine ferne Steinzeit.

Zur Archäologie des Bewußtseins gehört auch das Aufspüren dieser Wurzeln. Carl Gustav Jung und Sigmund Freud forschten als erste Wissenschaftler in dieser dunklen Höhle. Jung stieß auf seine »Archetypen«, die er in den Märchen, Mythen und Religionen der Welt aufspürte, und Freud auf den Sexualtrieb, der seiner Meinung nach unterschwellig die meisten Lebensprozesse bestimmt. Es liegt nahe, in der Menschheitsevolution einen ähnlichen Entwicklungsprozeß wie beim einzelnen Menschen zu vermuten. Evolution beim Individuum als Abbild der Evolution im ganzen. Phylogenese und Ontogenese.

So gesehen, würden wir heute in einer fortgeschrittenen Erwachsenenzeit leben. (Oder befinden wir uns bereits im Greisenalter?) Daß Höhlenzeichnungen aus der Frühzeit Ähnlichkeiten mit heutigen Kinderzeichnungen haben, kann jeder Laie erkennen. Sexualität muß schon immer eine elementare Rolle gespielt haben, schließlich ist sie der Motor der Evolution. Und wenn heute unsere moderne Warenwelt sexualisiert erscheint, so ist das bestimmt ein positives Zeichen. Wer sexuell aufgeladen wird, sucht sich einen Partner oder eine Partnerin; das könnte durch die Umpolung jetzt allerdings auch ein Auto, eine Waschmaschine, ein Computer oder ein Haus sein.

Entwicklung heißt, daß etwas Aufgewickeltes, also Vorhandenes, nur abgewickelt und damit sichtbar gemacht wird. Niemand sieht einem Samen an, daß aus ihm einmal eine Blume oder ein Baum wachsen würde, es sei denn, er hat botanische Kenntnisse. Man könnte also behaupten, daß auf der Erde nur Dinge, Prozesse und Lebensvorgänge entfaltet und entwickelt werden können, die bereits im Keim enthalten sind. Erfindung bedeutet im Wortsinn auch nur, daß etwas gefunden wurde, was bereits vorhanden, aber bisher unsichtbar war. Die Erdkugel als große Samenkugel, aus der sich das Leben entwickelt, als labyrinthisches Gebäude, in dem viele Dinge, Vorgänge und Tatsachen versteckt worden sind? Geschieht dieser Vorgang der Evolution nur ein einziges Mal, oder wird er sich mehrmals wiederholen, wenn sich einmal alles entwickelt hat und abgestorben ist? Auf jeden Fall gilt: Wo es einen Anfang gibt, wird es auch ein Ende geben.

Grabungen: Räume der Vor- und Frühgeschichte, Ägyptisches und Römisches

Ich beginne meine Betrachtungen mit der musealen Darstellung von Vor- und Frühgeschichte. Diese Räume könnten auch den Auftakt im Global Museum bilden. Sie sind hier nur als Beispiele gedacht. Andere Grabungen und Exponate hätten ebenso ihre Gültigkeit. Alle in diesem Kapitel vorgestellten Zeichnungen, Modellphotos und Collagen sind Teile konkreter Projekte aus den letzten Jahren. Im Zentrum stehen dabei zwei Wettbewerbsbeiträge: Innengestaltung des Neuen Museums auf der Museumsinsel in Berlin (wird nicht realisiert, da die Vorschläge nur mit dem zweiten Preis ausgezeichnet wurden) und Stadtmuseum in Wiesbaden (Vorschläge für eine Art Vorentwurf, ein Museumskonzept; ob davon etwas realisiert wird, ist noch offen).

In Berlin mußten ein Ägyptischer und ein Römischer Saal eingereicht werden. In Wiesbaden befaßt sich das Konzept mit der ganzen Stadtgeschichte – Römisches bis heute. In diesem Buch werden nur die ersten drei Räume vorgestellt.

Immer wenn Archäologen wieder etwas ausgraben, wird uns schlagartig bewußt, daß die Erdoberfläche übersät ist mit Spuren vergangenen Lebens und der Boden mit Knochen, Knochen-

1. Gläserne Einblickschächte in die Vergangenheit.
2. Geologische Schnitte, aufgestellt wie verglaste Bücherregale.

1. Glass viewing shafts for the past.
2. Geological section set up like glazed bookcases.

Archaeology of consciousness: museums and exhibitions. Interiors

Every human being begins life as a helpless, recumbent baby, has to learn to stand, walk and speak, slowly explore his or her surroundings and work up to being a conscious individual. The family home, kindergarten, school, apprenticeship or university shape a child as a social being. In retrospect, childhood – to the extent that it can be remembered at all – seems like an era of paradise or a distant stone age.

Tracing these roots is also part of the archaeology of consciousness. Carl Gustav Jung and Sigmund Freud were the first academics to investigate this dark cave. Jung came up with his »archetypes«, which he found in the world's fairy tales, myths and religions, and Freud unearthed the sexual instinct, which he thinks affects most life processes subliminally. It seems to make sense to assume a similar development process in the evolution of mankind to that of the individual human being. Evolution of the individual as a copy of evolution in general. Phylogeny and ontogeny.

Seen in this way, we would be living in a state of advanced adulthood today. (Or are we already in old age?) Any layman can see that prehistoric cave drawings are similar to present-day children's drawings. Sexuality must always have played a crucial part, as ultimately it is the driving force of evolution. And if our modern consumer society seems to have been sexualized, that is certainly a positive sign. Anyone who is sexually charged looks for a partner; however, pole reversal means that now this could be a car, a washing machine, a computer or a house.

Development means that something that has been wound up, in other words something that is present, is simply being unwound, and thus made visible. No one could see from a seed that it is going to produce a flower or a tree without botanical knowledge. So one could assert that only those things, processes and life events can be unfolded and developed on earth that are already present in embryo. Taken literally, invention only means coming upon something that was already there but previously invisible. The earth as a great seed pod from which life develops, as a labyrinthine edifice in which many things, processes and facts have been concealed? Does this process of evolution happen only once, or will it repeat itself several times once everything has developed and died out? Whatever happens: where there is a beginning, there will also be an end.

Excavations: places from pre- and early history, Egyptian and Roman times

I will start my observations with a museum presentation of pre- and early history. These galleries can also act as a prelude to the Global Museum. They are simply intended as examples here. Other excavations and exhibits would have been equally valid. All the drawings, model photographs and collages presented in this chapter form part of concrete projects from recent years. They centre around two competition entries: the interior design of the Neues Museum on the Museum Island in Berlin (will not be realized, as the proposals won only the second prize) and the Stadtmuseum in Wiesbaden (proposals for a kind of preliminary design, a museum concept; whether any of it will be realized remains to be seen).

An Egyptian and a Roman Gallery had to be submitted for Berlin. In Wiesbaden the concept deals with the city's entire history – from Roman times to the present day. In this book only the first three galleries are presented.

Whenever archaeologists dig something up again we suddenly realize that the surface of the earth is scattered with traces of past life and the ground crammed with bones, parts of bones, fragments of temples and dwellings, with shards and the remains of food. How many people and animals lived before us – since the earth came into being? I recently read the figure of 100 billion (Kurt G. Blüchel, *Bionik*). I do not know how this was calculated, but in any case it lies beyond our imagination. All people have left something behind

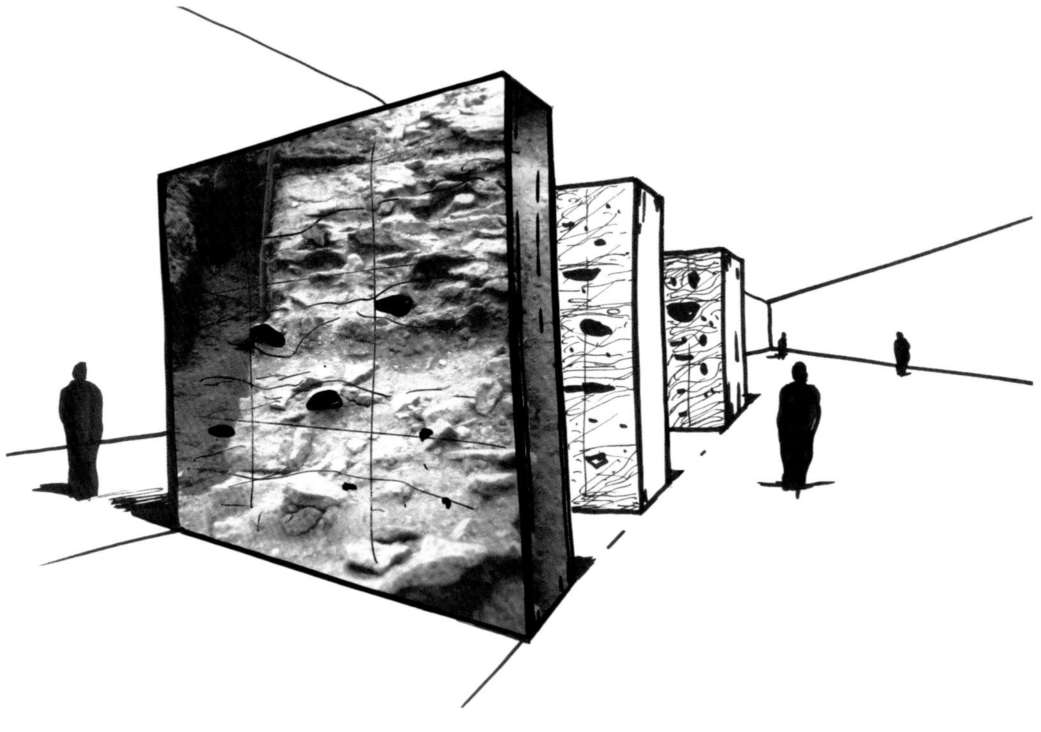

resten, Fragmenten von Tempeln und Wohnhäusern, mit Scherben und Essensresten vollsteckt. Wie viele Menschen und Tiere haben vor uns – seit Bestehen der Erde – gelebt ? Vor kurzem las ich die Zahl 100 Milliarden (Kurt G. Blüchel, *Bionik*). Ich weiß nicht, wie sie errechnet wurde, in jedem Fall übersteigt sie unser Vorstellungsvermögen. Alle Menschen haben im Boden etwas hinterlassen: Die Erdoberfläche ist ein einziger Friedhof, eine riesige plattgewalzte Müllhalde.

Besonders bei meinen längeren Aufenthalten in Rom – der Ewigen Stadt – wurde mir klar, wie hoch diese alten »Kulturschichten« sein können: drei bis vier Meter und mehr liegt die heutige Stadt über der antiken Siedlung. Die Anschnittflächen und Schichtungen sind an unzähligen Stellen im Stadtgebiet zu sehen, besonders intensiv und anschaulich auf dem Forum Romanum.

Und dann natürlich Pompeji: Wer diese bis heute noch nicht ganz ausgegrabene Stadt jemals besucht hat, erinnert sich an die bis zu sechs Meter hohe, verhärtete Ascheschicht, von der die antike Stadt am 24. 8. 78 n. Chr. durch den Ausbruch des Vesuvs begraben wurde. Fünfzehn Jahre zuvor war die Stadt bereits durch ein Erdbeben fast ganz zerstört worden. Dann – nach abgeschlossenem Wiederaufbau – trat das alles konservierende Ende ein. Für uns wissensdurstige Nachfahren ein makabrer Glücksfall, ein unersetzliches »Opfer-Geschenk«.

Von einer Stunde zur anderen erlosch das Leben. Und wir durchwandern heute diesen erstarrten Moment, dankbar und melancholisch zugleich. Ein riesiges antikes Freilichtmuseum der Erinnerung!

Man stelle sich vor, es gäbe ein Gesetz, nach dem jede Stadt alle zehn Jahre ein komplett eingerichtetes Wohn- oder Bürohaus vermauern und versiegeln lassen müßte (natürlich ohne Menschen, sie dürften das Gebäude vorher verlassen). In hundert oder tausend Jahren wären die zukünftigen Bewohner der Welt dankbar für die authentischen Raumkapseln aus ferner Zeit. Dieser Vorschlag wäre auch ein konkreter Beitrag für das Global Museum. Heute sind in keiner deutschen Stadt mehr Bauruinen aus dem Zweiten Weltkrieg zu finden (mit Ausnahme der Kaiser-Wilhelm-Gedächtniskirche in Berlin).

Meine Museumsidee hätte darin bestanden, eine komplett zerstörte Stadt so zu konservieren, wie sie 1945 aussah. Je weiter die Zeit fortschreitet, um so wichtiger wäre eine solche Erinnerung. Die Auslöschung aller Narben führt zu einer Art Ungläubigkeit der nachfolgenden Generationen. Das Gefühl, »so schlimm kann das Ganze ja nicht gewesen sein«, stellt sich ein. Ein möglicherweise tödlicher Irrtum! Demokratische Ordnung ist kein naturgegebener Zustand für ein Land, sie kann innerhalb von Stunden und Tagen zerstört werden, und dann herrschen wieder Unsicherheit, Not, Anarchie, Chaos, Krankheit, Hunger, Durst und Hilflosigkeit wie in der Nachkriegszeit.

Mich haben Grabungen der Archäologen schon immer fasziniert. Wie übergenaue Spurensucher, Detektive der Vergangenheit, graben sich diese Wissenschaftler in die Nacht des Gewesenen vor. Aus winzigen Indizien, aus staubkorngroßen Splittern können sie auf ganze Kulturen schließen. Am Ende wissen sie, was die Menschen vor tausend Jahren gegessen, was sie verdaut und ausgeschieden haben und wie sie gestorben sind. Ihr Bewußtseinszustand, ihre Weltanschauung und ihre Gedanken freilich lassen sich kaum rekonstruieren. Hier sind auch die genauesten Spurensucher auf Vermutungen angewiesen, es sei denn, sie haben verläßliche schriftliche Zeugnisse gefunden.

Archäologen photographieren die Erdoberfläche aus Flugzeugen, durchleuchten den Boden mit Röntgengeräten, wandern über Hügel mit Metalldetektoren, vermessen das Gelände, legen geometrische Gräben an und fördern vielleicht mit

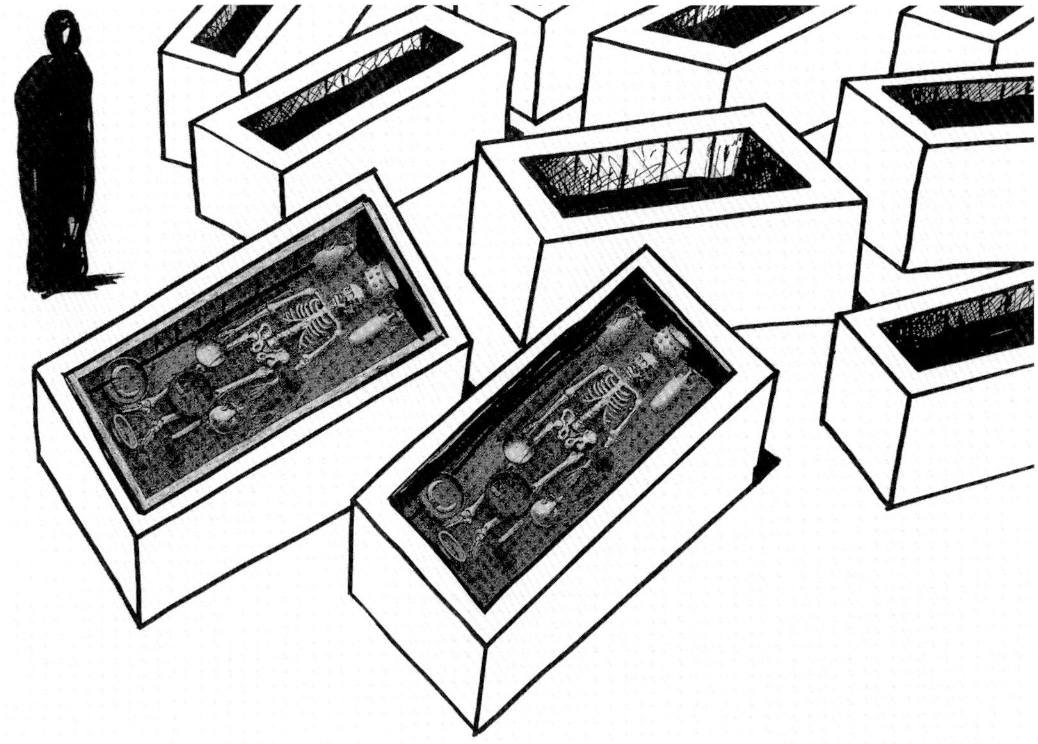

in the ground: the surface of the earth is one big cemetery, a gigantic rubbish tip that has been rolled out flat.

I realized how high these old »cultural strata« can be in my longer stays in Rome – the Eternal City – in particular: the modern city is three to four metres above the ancient settlement. The cut surfaces and strata can be seen at countless places in the city, particularly frequently and vividly in the Forum Romanum.

And then of course there is Pompeii: anyone who has visited this town, which has still not been fully excavated, will remember the layer of hardened ash, up to six metres high, which buried the town when Vesuvius erupted on 24. 8 78 AC. The town had been almost completely destroyed by an earthquake fifteen years before. Then – when reconstruction was complete – came the end that was to preserve all. A macabre happy chance for us knowledge-hungry descendants, an irreplaceable »gift of sacrifice«.

Life was extinguished from one hour to the next. And we wander through this petrified monument today, grateful and melancholy at the same time. A gigantic ancient open-air museum of memory!

Imagine there was a law saying that every town had to wall up and seal off a fully furnished residential or office building every ten years (of course without people in it; they would be allowed to leave). In a hundred or a thousand years, the future inhabitants of the world would be grateful for authentic space capsules like this from distant times. This suggestion would also be a concrete contribution to the Global Museum. Today no German city has ruined buildings from the Second World War any more (with the exception of the Kaiser-Wilhelm-Gedächtniskirche in Berlin).

My museum idea would have been to preserve a town that had been completely destroyed as it had looked in 1945. The more time goes on, the more important a memory like this would be. Expunging all the scars tends to make subsequent generations reluctant to believe what happened. A feeling arises that »it can't all have been as bad as all that« Possibly a fatal error! Democratic order is not a natural condition for a country, it can be destroyed within hours and days, and then uncertainty, hardship, anarchy, chaos, sickness, hunger, thirst and helplessness predominate, as they did in the post-war period.

I have always been fascinated by archaeologists' excavations. These scientists dig into the night of what has been like super-precise searchers for evidence, detectives investigating the past. They can drawn conclusions about entire cultures from tiny pieces of evidence, from fragments the size of a dust particle. Finally they know what people ate thousands of years ago, what they digested and excreted, and how they died. Of course it is not possible to reconstruct their state of mind, their view of the world and their thoughts. Here even the most precise seekers for evidence have to rely on assumptions, unless they have found reliable written reports.

Archaeologists photograph the surface of the earth from aircraft, examine the soil with X-rays, walk over hills with metal detectors, survey the terrain, dig trenches in geometrical patterns and after months of meticulous work with spades, shovels and paintbrushes perhaps bring some fragments to the surface that they then examine, fit together and reconstruct in labs that look like clinical dissecting rooms. A heap of shards produces a vessel, a vase, a plate here, tiny splinters of bone become a skeleton, a skull, a flute or a full-bosomed female sculpture.

After this they compare their finds, trying to classify them in terms of date, region or cultural history. Maps, connections, tables and descriptions of the overall scheme of things emerge from the filigree network of individual spot finds.

Most of the finds relating to the early history of mankind come from caves and tombs. We would know a lot less about our ancestors if they had

3. Röntgenraum. In die Erde getriebener Raumschacht mit fiktiven Durchleuchtungseigenschaften.
4. Grab-Vitrinen.

3. X-ray gallery. Shaft with mock X-ray facilities drilled into the earth.
4. Tomb showcases.

Spaten, Schaufeln und Pinseln nach monatelanger Kleinstarbeit irgendwelche Splitter zutage, die sie dann in Labors, die aussehen wie klinische Anatomiesäle, untersuchen, zusammenfügen und rekonstruieren. Aus einem Scherbenhaufen entsteht hier ein Gefäß, eine Vase, ein Teller, aus winzigen Knochensplittern ein Skelett, ein Schädel, eine Flöte oder eine vollbusige Frauenplastik.

Danach vergleichen sie ihre Funde, versuchen sie zeitlich, regional und kulturgeschichtlich einzuordnen. Aus dem filigranen Netzwerk einzelner Punktfunde entstehen Karten, Verbindungen, Tabellen und Beschreibungen übergeordneter Zusammenhänge.

Die meisten Fundstücke der frühen Menschheitsgeschichte stammen aus Höhlen und Gräbern. Hätten unsere Vorfahren nicht die Vorstellung eines ewigen Lebens nach dem Tod gehabt, wüßten wir weit weniger von ihnen. Sie gaben den Toten nicht nur Essen für den Weg ins Jenseits mit, sondern auch Waffen, Alltagsgeräte, Kleidung und Schmuck. Je höher der Tote in der Gesellschaftshierarchie stand, desto wertvoller waren seine Grabbeigaben. Das Opfer spielte dabei – neben anderen Kulthandlungen – eine große Rolle.

Auf die heutige Zeit übertragen, müßten Nachlebende pralle Bankkonten, Tresore mit Aktienpaketen und wertvollen Schmuckschatullen den wohlhabenden Verstorbenen mit ins Grab geben. In Japan ließ sich angeblich einer der reichsten Männer der Welt nach seinem Tod zusammen mit dem von ihm ersteigerten »Sonnenblumenbild« von van Gogh verbrennen. Vielleicht war das auch

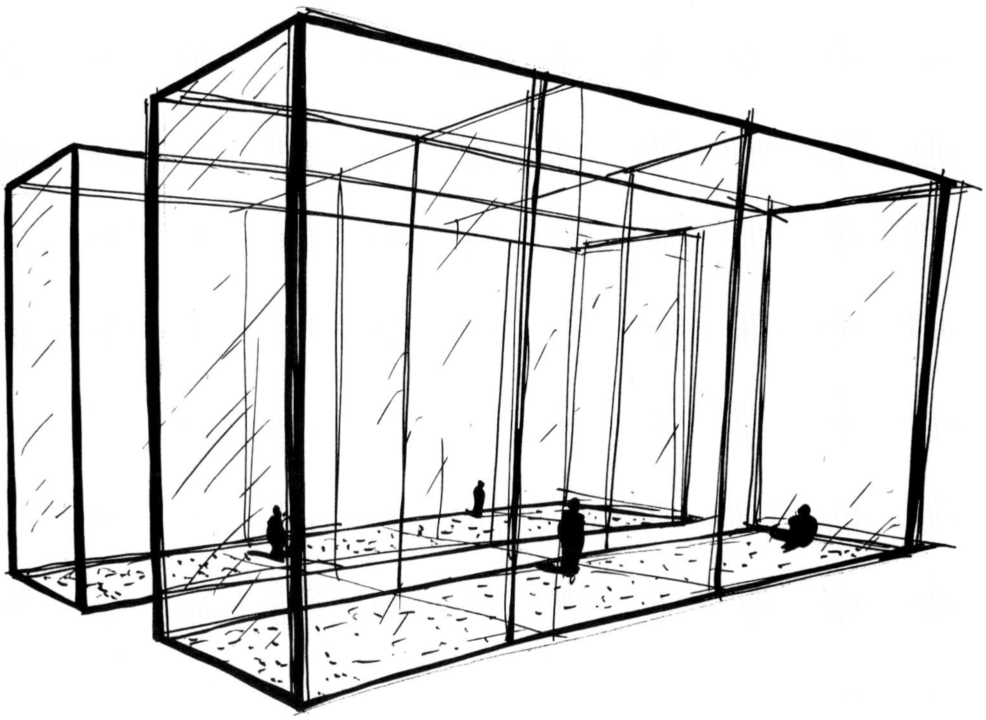

5, 6. Vitrinenreihungen. Archäologie der Zeit.
7, 8. Gläserne Momente. Vitrinen-Koffer. Vitrinen-schränke. Vitrinen-Häuser, Vitrinen-Straßen, Vitrinen-Städte.

5, 6. Showcase sequence. Archaeology of the period.
7, 8. Glazed moments. Showcase suitcases, show-case cupboards, showcase buildings, showcase streets, showcase towns.

not believed in eternal life after death. They not only gave the dead food for their journey into the next world, but weapons, everyday utensils, clothing and jewellery as well. The higher the dead person was in the social hierarchy, the more valuable were his grave gifts. Here sacrifice played a major part – alongside other cult practices.

If these rituals were followed today, the survivors would have to place fat bank accounts, safes full of share certificates and valuable cases of jewellery in well-to-do dead people's graves. It is alleged that in Japan one of the richest men in the world had himself cremated after death along with the van Gogh »Sunflower« picture he had bought at auction. Perhaps that was just a rumour, to upset his heirs and possible art thieves. If there were valuables in tombs, the grave robbers would be there immediately – as they always used to be.

Ancient Egypt had an extreme cult of the dead. The houses of the living were built of transient materials – clay bricks and reeds – but slaves build stone palaces and stone pyramids for the dead. Complicated procedures were used for mummifying corpses. The walls of the tomb chambers were painted with scenes from the dead person's life. These structures are time capsules for us later generations, museums in the desert sands.

nur ein Gerücht, um die Erben und mögliche Kunstdiebe zu verunsichern. Wenn es Wertsachen in Gräbern gäbe, würden – wie früher auch – sofort Grabräuber zur Stelle sein.

Einen extremen Totenkult gab es im alten Ägypten. Während die Häuser der Lebenden aus vergänglichen Materialien – Lehmziegel und Schilf – gebaut wurden, errichteten Sklaven Steinpaläste und Steinpyramiden für die Toten. In komplizierten Verfahren mumifizierte man die Leichen. Die Wände der Grabkammern waren mit Szenen aus dem Alltagsleben des Verstorbenen bemalt. Für uns Nachgeborene sind diese Bauten durchgehbare Zeitkapseln, Museen, die im Wüstensand stecken.

Die Architekturform der Pyramiden – »Todeskristalle« nennt sie Ernst Bloch – wird heute nicht mehr als Grab- oder Museumsform verwendet (mit Ausnahme des gläsernen Louvre-Eingangs von Ieoh Ming Pei in Paris). Manchmal tauchen Pyramiden verkleinert als Dächer von Tankstellen oder Flugzeughangars, als Kirchen, Freizeitgebäude und Planetarien auf, in Las Vegas als riesiges Hotel.

Wer je dieses Pyramiden-Hotel am Strip gesehen hat, wird aus dem Staunen nicht mehr herauskommen. Während in Ägypten eine einzige mumifizierte Leiche in dem gewaltigen, massiven, nur von wenigen, engen Gängen durchzogenen Steinberg ruhte, findet sich hier in der ausgehöhlten, vollklimatisierten Glaspyramide eine ganze Stadt mit Wolkenkratzern, Flußläufen, Kähnen, Seilbahnen und Spielkasinos. Die Außenschicht dient dem Wohnen, hier sind die Hotelzimmer untergebracht. Vor der gewaltigen Glaspyramide liegen zwei steinerne Sphinxe (oder sind sie doch nur aus gehärtetem Styropor geformt?) und bewachen die überdachte Hotelvorfahrt. In der Ferne läßt die Wüstenhitze die Luft flirrend erzittern, ganz so, als befänden wir uns in Ägypten.

Dieser bauliche Salto mortale aus einer Kultur in die andere, dieses Umdeuten eines Todessymbols in ein kommerziell genutztes Lebenssymbol hat etwas Beruhigendes. Selbst die größten Denkmäler der Weltarchitektur bergen einen Kern von Banalität und Lächerlichkeit. So wirkt der Bau im bilderverliebten Amerika wie die Karikatur eines Museums. Hier können Schrebergartenhäuser zu Wolkenkratzern aufgeblasen werden, Eiffeltürme zu Wohnzimmerdekorationen verkümmern, Canali Grandi durch Kaufhäuser plätschern. Das Pathos der Alten Welt weicht dem fröhlichen »anything goes« der Neuen Welt. Man versteht den Spaß, solange das Geld fließt.

Ich stelle mir vor, wie Las Vegas in tausend Jahren als Ruinenmuseum von Touristen besucht wird. Wanderdünen haben die Pyramide halb unter sich begraben. Nur noch die Spitze ragt aus dem Sand. Irgendwann im Laufe des nächsten Jahrtausends ist das letzte Wasser versickert und die Wüste wieder zu ihrem Recht gekommen. Dann tauchen die Archäologen der Zukunft auf, ziehen ihre Gräben, setzen ihre Röntgenaugen ein und fördern die ausgetrockneten Mumien der letzten Zocker zutage. Einige Skelette haben ihre Finger um die »einarmigen Banditen« gekrallt, als ginge das Spiel im Jenseits weiter. Auch das Sterben muß Spaß machen!

Was war das für eine Kultur, sinniert der Zukunftsarchäologe und studiert die verstaubten Zahlencodes hinter den fahlen, zersprungenen Gläsern. Wie soll er die merkwürdigen Hieroglyphen deuten, welche rätselhaften Weisheiten bergen diese Maschinen?

Draußen – wir schreiben das Jahr 3010 – geht glutrot die Sonne über dem heißen Wüstensand unter. Der Archäologe setzt sich auf seinen mitgebrachten Hocker und schreibt mit Bleistift in sein Notizbuch: Tolle Geschäftsidee, hier muß ich das grandioseste Freilichtmuseum des nächsten Jahrtausends einrichten!

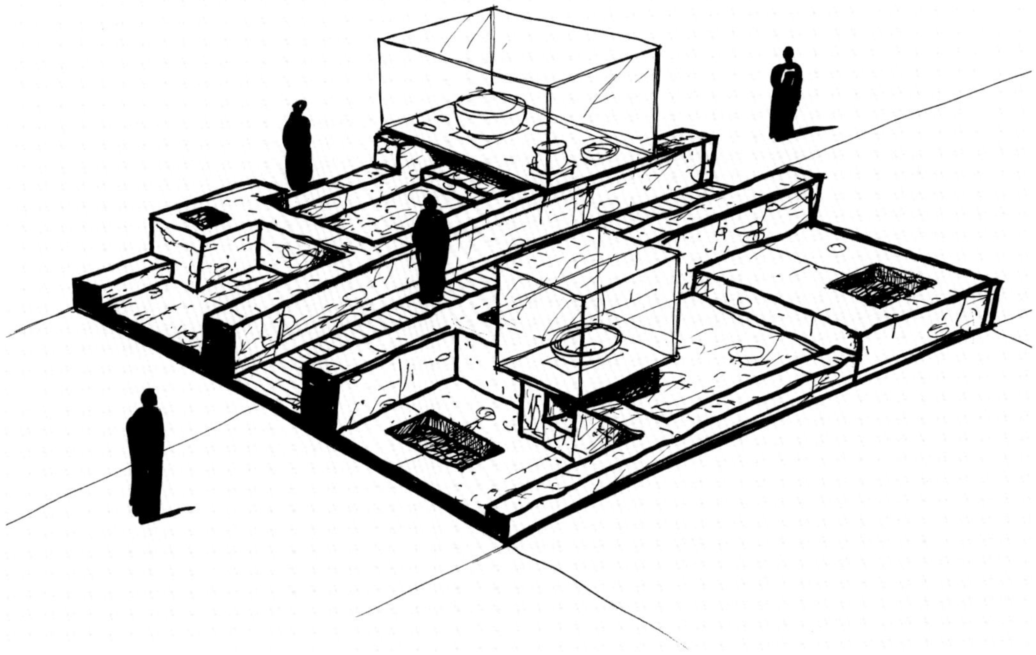

The architectural form of the pyramids – Ernst Bloch calls them »crystals of death« – is not longer used as a shape for tombs and museums (with the exception of Ioh Ming Pei's glass pyramid for the entrance to the Louvre in Paris). Sometimes small-scale pyramids crop up as petrol station or aircraft hangar roofs, as churches, leisure buildings and planetariums, or as a gigantic hotel in Las Vegas.

Anyone who has seen this Pyramid Hotel on the Strip will never cease to be astonished. In Egypt a single mummified corpse lay at rest in the massive, solid stone mountain, with only a few narrow corridors running through it, but this hollow, fully air-conditioned glass pyramid contains a whole town with skyscrapers, rivers, barges, cable railways and casinos. The outer layer is used for accommodation, and contains the hotel rooms. Two stone sphinxes lie outside the massive glass pyramid (or are they just made of hardened polystyrene?), keeping watch over the roofed hotel drive. The desert heat in the distance makes the air shimmer, just as though we were in Egypt.

This death-defying architectural leap from one culture into another, this reinterpretation of a symbol of death as a commercially exploited symbol of life has something reassuring about it. Even the great monuments of world architecture have something banal and ridiculous at their core. So this building in image-loving America seems like a caricature of a museum. Here allotment chalets can be blown up into skyscrapers, Eiffel towers can shrink into living-room decorations, Grand Canals splash through department stores. The emotional drama of the Old World gives way to the cheerful »anything goes« of the new world. People get the joke for as long as the money keeps flowing.

I like to imagine Las Vegas being visited by tourists in a thousand years as a ruin museum. Shifting sand dunes have half buried the pyramid. Only the tip stands above the sand. Somewhere in the course of the next millennium the last water has seeped away, the desert has claimed its own again. Then the archaeologists of the future appear, dig their trenches, place their X-ray eyes and bring the desiccated mummies of the last punters to the surface. Some skeletons' fingers are clinging to the »one-armed bandits« as though the game was going on in the next world. Dying has to be fun as well!

What sort of a culture was that, muses the archaeologist of the future, studying the dusty numerical codes being the dull, cracked glass. How is he to interpret these remarkable hieroglyphs, what mysterious wisdom do these machines conceal?

Outside – the year is 3010 – the glowing red sun is setting over the hot desert sand. The archaeologist sits down on the stool he has brought with him and writes in his notebook in pencil: brilliant business idea, I can set up the most wonderful open air museum of the next millennium here!

9. Vitrinen-Bibliotheken.
10. Kompositionen aus Ruinenmauern, Wegfragmenten und Vitrinen.

9. Showcase libraries.
10. Composition using ruined walls, road fragments and showcases.

Ägyptischer Saal, Neues Museum, Berlin, 2004

Zwei fast raumfüllende Vitrinen nehmen einen großen Teil des Saales ein. Im Innern stehen und liegen bunt bemalte Mumiensärge. Der umgebende Raum stammt aus dem 19. Jahrhundert, Decke und Wände sind mit nachempfundenen ägyptischen Malereien bedeckt.

Im nächsten Raum wird der neue Aufstellungsort für Nofretete zu finden sein. Nofretete ist – neben der Mona Lisa – die berühmteste Frau der Kunstgeschichte. Viele Besucher fahren wegen dieser Damen nach Paris und Berlin.

Die Büste der Königin Nofretete, Gemahlin Echnatons, wurde um 1350 v. Chr. in der Werkstatt des Bildhauers Thutmosis gefertigt. Am 6. Dezember 1912 fand ein Grabungsteam der Deutschen Orient-Gesellschaft sie in Amarna. Sie hatte also genau 3262 Jahre im Dunkeln unter der Erde gelegen. Niemand betrachtete sie in dieser Zeit. Jetzt ist sie jährlich Millionen von Blicken ausgesetzt und hängt als Reproduktion in unzähligen Wohnzimmern der ganzen Welt. Auch heute noch verkörpert sie ein vollkommenes Frauenbild und wird zu Reklamezwecken von Mode- und Kosmetikfirmen benutzt. Von den Hollywood-Filmstars kam ihr im Aussehen Audrey Hepburn am nächsten.

Der Römische Saal gehörte auch zu den Entwurfsaufgaben beim Wettbewerb Neues Museum. In Berlin werden vor allem Gefäße und Kleinfiguren aus der großen Zeit Roms ausgestellt. Auch sie sprechen davon, daß unsere europäische Kultur über Jahrhunderte vom Mittelmeerraum – Ägypten, Griechenland, Rom – geprägt wurde. Natürlich gilt diese Tatsache nicht für den Rest der Welt. Daß dieser Rest den Hauptteil des Globus einnimmt, will den Europäern nicht recht behagen.

Egyptian Gallery, Neues Museum, Berlin, 2004

Two showcases filling almost the whole space occupy a large proportion of the gallery. They are occupied by mummies' coffins painted in bright colours, standing on end and lying down. The room around them dates from the 19th century, the ceiling and walls are covered with paintings based on Egyptian originals.

The next room will be the new area in which Nefertiti is displayed. Nefertiti is – with the Mona Lisa – the most famous woman in art history. Many visitors travel to Paris and Berlin for the sake of these women.

The bust of Queen Nefertiti, the consort of Akhenaton, was created around 1350 BC in the studio of the sculptor Thutmosis. An excavation team from the Deutsche Orient-Gesellschaft found it in Amarna on 6 December 1912. So it had lain in darkness under the ground for precisely 3262 years. No one looked at it for all this time. Now it is exposed to the gaze of millions every year, and hangs in countless living rooms all over the world as a reproduction. Even today it embodies the image of a perfect woman, and is used for advertising purposes by fashion and cosmetics firms. Audrey Hepburn was the Hollywood star to come closest to it.

The Roman Gallery was another of the designs required for the Neues Museum competition. Vessels and small figures from the great age of Rome are the principal exhibits in Berlin. These too make it clear that our European culture was shaped for centuries by the Mediterranean area – Egypt, Greece, Rome. Of course this does not apply to the rest of the world. The fact that the rest of the world takes up most of the globe does not really suit the Europeans.

1, 2. Blick in den Ägyptischen Saal.
3. Vitrinen-Glasblock mit Mumien.

1, 2. View of the Egyptian Gallery.
3. Glass showcase block with mummies.

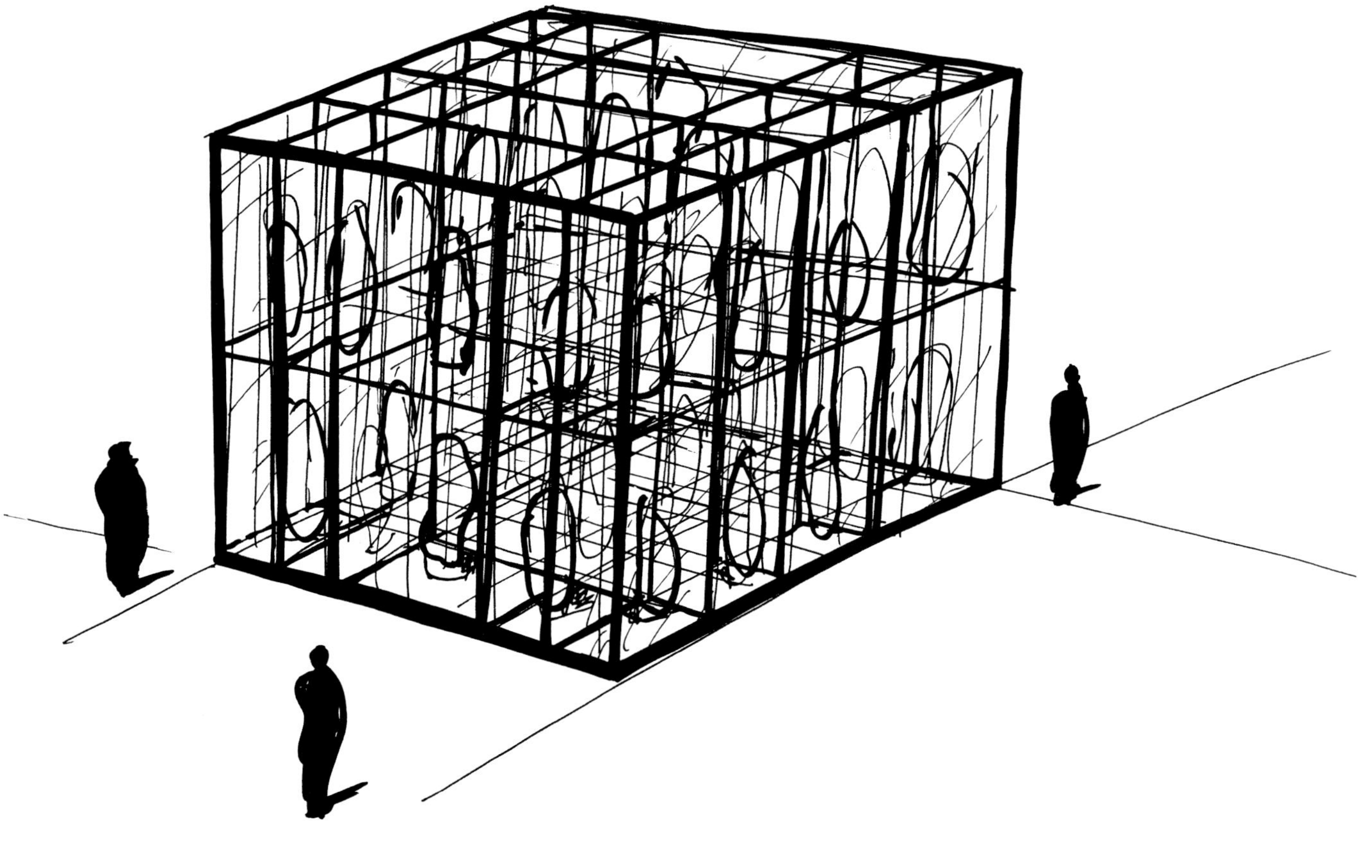

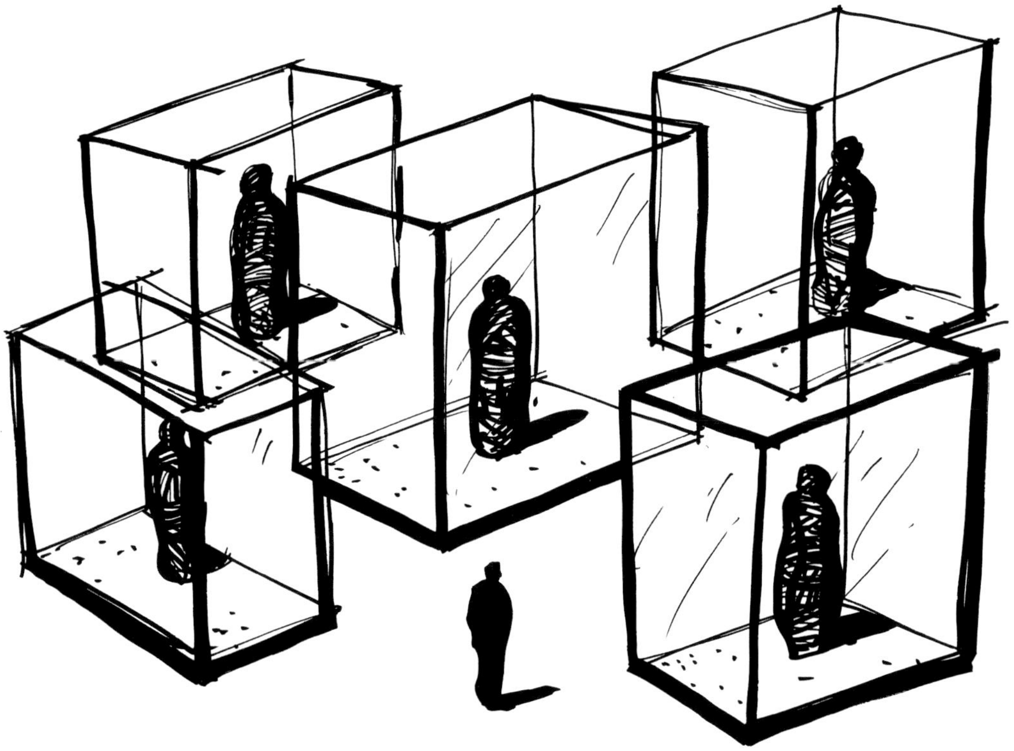

4. Vitrinen-Entwurfsskizzen mit stehenden Mumien.
5. Blick in den Ägytischen Saal. Modell.
6. Blick in den Römischen Saal. Modell.

4. Showcase design sketches with upright mummies.
5. View of the Egyptian Gallery. Model.
6. View of the Roman Gallery. Model.

»Das Rätsel der Kelten vom Glauberg«, Kunsthalle Schirn, Frankfurt am Main, 2003

Zum ersten Mal wurden die neuen Grabungsfunde aus dem »Fürstengrab vom Glauberg« (nördlich von Frankfurt gelegen) ausgestellt.

Wieder der gleiche Vorgang: Über zweitausend Jahre liegt eine bedeutende keltische Sandsteinfigur im Boden begraben. Mitte der 1990er Jahre ist es dann soweit: Archäologen graben an der richtigen Stelle, finden das dort vermutete Grab und fördern die fast vollständig erhaltene, lebensgroße Fürstenfigur ans Tageslicht.

Die Gestaltungsidee des Hauptsaals in Frankfurt bestand darin, alle bisher in Europa gefundenen keltischen Großplastiken im Kreis um den Neuankömmling zu versammeln. Der Fürst vom Glauberg stand auf einem runden Sockel in der Mitte, alle anderen Figuren und Figurenfragmente wendeten sich ihm zu. Über der Versammlung hing eine helle, indirekt leuchtende Stoffdecke, die sich durch ihr Eigengewicht leicht nach unten wölbte. Der Besucher sollte an eine provisorisch abgedeckte Ausgrabungssituation erinnert werden.

Am anderen Ende der Ausstellung – weit entfernt von dieser Ansammlung – wurde eine Situation simuliert, wie sie sich vielleicht den keltischen Beerdigungsteilnehmern dargeboten hat. Ich ließ einen Abendhimmel malen und hängte eine Gaze vor die Figuren-Kopien. Der Raum, in dem sich der Besucher aufhielt, war abgedunkelt, nur der Himmel und die Figuren leuchteten. Wir wissen natürlich nicht, ob damals Musik erklang, ob eine Rede gehalten oder gemeinsam gesungen wurde. Die Archäologen vermuten, daß der Abschied nachts geschah, bei Fackellicht. Ringsum rauschten die Urwälder, Wölfe heulten, hin und wieder der Schrei eines Käuzchens. Der Phantasie des Zuschauers waren keine Grenzen gesetzt.

Leider wurde diese Ausstellung nur drei Monate lang gezeigt. Danach baute man sie ab, die keltischen Großplastiken mußten wieder in ihre gutgepolsterten Holzkisten und wurden zurück in ihre Heimatmuseen geschickt.

»The riddle of the Glauberg Celts«, Kunsthalle Schirn, Frankfurt am Main, 2003

The new grave finds from the »Glauberg Prince's Tomb« (the Glauberg is north of Frankfurt) were being exhibited for the first time.

The same process as usual: an important Celtic sandstone figure lies buried in the ground for over two thousand years. Then in the mid 1990s the time had come: archaeologists dig in the right place, find the tomb they had assumed to be there and bring the figure of the prince, which has survived almost intact, up to the light of day.

The design idea for the main gallery in Frankfurt was to assemble all the large Celtic sculptures found in Europe so far around the new arrival. The Prince of Glauberg stood on a round plinth in the centre, and all the other figures and fragments of figures were turning towards him. Above this assembly hung a light, indirectly lit fabric blanket, curving slightly downwards under its own weight. The intention was to remind visitors of an excavation site that had been temporarily uncovered.

At the other end of the exhibition – well away from this group – a situation was simulated that might have been presented to Celtic participants in the burial ceremony. I had an evening sky painted, and hung a gauze in front of the copy figures. The space visitors came into was blacked out, with only the sky and the figures lit. Of course we do not know whether music was played at the time, a speech made, or a song sung. Archaeologists think that the farewell took place at night, by torchlight. The primeval forests rustled all around, wolves howled, and an owl hooted from time to time. There were no limits placed on the spectators' imaginations.

Unfortunately this exhibition was shown for only three months. After that it was dismantled and the great Celtic sculptures had to go back into their lined wooden cases and were returned to their home museums.

1–3. Blick in die Ausstellung.

1–3. View into the exhibition.

01 FÜRSTENGRAB 01

Kunstgewerbe-Museum Schloß Köpenick, Berlin, 2004

Es folgt ein schwer verzeihbarer Zeit- und Themensprung, der im Global Museum so nicht vorkommen soll. Vorher sind wir in Gedanken durch die überhohen, feierlichen Oberlichtsäle der großen Weltmuseen gegangen und haben mit Ehrfurcht und Bewunderung die goldgerahmten Klassiker aus den heroischen Zeiten der Kunstgeschichte betrachtet. Hier war und ist nichts hinzuzufügen. Für uns Architekten und Gestalter ist es ein Blick in eine perfekte, etwas langweilige und die kreative Phantasie lähmende Zeit.

Das nun folgende Kunstgewerbe-Museum ist wiederum nur ein Beispiel. Wer im 21. Jahrhundert ein Museum für Kunsthandwerk einrichtet, sagt ganz klar: Ich blicke zurück in eine Zeit, als es das Kunsthandwerk wirklich noch gab und große Handwerksmeister überwältigende Getäfelräume, wunderschöne Intarsientische und edle Schränke in monatelanger, manchmal jahrelanger Arbeit fertigten.

Die Ausstellung im Schloß Köpenick beschränkt sich folgerichtig auf die Zeit der Renaissance, des Barock und des Rokoko. Erinnerungen an höfische Zeiten, an Könige und Fürsten, an Gräfinnen und verführerische Mätressen, an gepuderte Perücken und festliche Bälle im Kerzenlicht werden wach. Diese Gesellschaft war offenbar zum Vergnügen und zur Unterhaltung auf der Welt. Sie hatte Zeit und Geld, sich an schönen Dingen zu erfreuen. Dabei war es gleichgültig, ob die Tische,Truhen und Schränke wirklich benutzbar waren; nur das prunkvolle Aussehen zählte. Die wertvollen Möbel wurden bei gesellschaftlichen Anlässen bewundert. Wer solche Dinge um sich versammelte, fühlte sich auch als Mensch vergoldet.

Heute finden wir die wertvollsten und interessantesten dieser Gegenstände oft nicht mehr in Schlössern und Privatvillen, sondern in öffentlichen, gegen Eintritt jedem Bürger zugänglichen Museen. Sie sind in den Allgemeinbesitz übergegangen. Das renovierte Schloß Köpenick stellt eine Mischform aus Schloß und Museum dar. Es gibt zwar noch die authentischen Raumfolgen, die Stukkaturen und Deckengemälde, aber nicht mehr die einstige Möblierung und Ausstattung. Die Neugestaltung erstrebte auch nicht eine Rekonstruktion der einstigen Raumzustände, ihr Ziel war es vielmehr, den Spannungsbogen zwischen den Zeiten – von der Renaissance bis heute – als Ausstellungsidee zu nutzen. Die modernen Einbauten sind erkennbar, sie geben nicht vor, historisch zu sein.

Die Renaissancetruhe und der Barockschrank präsentieren sich als ernst genommene, in ihrer Würde und Bedeutung durch Sockel betonte »Denkmale«. Die Besucher können sie, je nach Interesse, wie dekorative Objekte bewundern oder als kunsthistorische Phänomene studieren. Niemand darf die Objekte berühren. Nur Blicke sind zugelassen. Wer sich auskennt, entdeckt die verschiedensten Hölzer: Ahorn, Amarant, Birke, Birnbaum, Buche, Buchsbaum, Ebenholz, Eibe, Eiche, Esche, Fichte, Kastanie, Kiefer, Kirsche, Lärche, Linde, Mahagoni, Nußbaum, Olive, Padouk, Palisander, Pappel, Pflaume, Platane, Satinholz, Tanne, Teak, Ulme, Zitronenholz. Die meisten Hölzer werden heute kaum noch zum Möbelbau verwendet. Wer durch dieses Museum geht, kann etwas lernen über Materialien, Oberflächen und Bearbeitungen. Er kann ins Schwärmen geraten über diesen edlen Luxus. Gemessen an IKEA und OBI, ist dies eine Reise ins ferne Schlaraffenland!

Das Thema Spiegel zieht sich durch die Räume wie ein Leitmotiv. Es gibt Spiegelflächen auf Sockel-Plinthen (Wappensaal), an Wänden (Getäfelräume) und hinter Objekten (Kunstkammerraum). Kunsthistorisch ist der Spiegel eine ideale Klammer zwischen dem illusionssüchtigen Barock und der virtuell simulationssüchtigen Moderne.

Bekanntlich wurden der Spiegel und das Spiegelkabinett seit dem Einbau des Spiegelsaals in Versailles zur Modeerscheinung in Barock und Rokoko. Der Spiegel hatte hier eine Doppelfunktion: Zum einen kam er der eitlen Selbstverliebtheit der Epoche entgegen, man konnte sich während des Empfangs und der Feste selbst beobachten wie in einem Film – zum andern täuschte er eine Raumgröße vor, die es in Wirklichkeit nicht gab. Die Illusion der Selbstverdoppelung entsprach der Architekturerweiterung in fiktive Räume.

Wortlos und schweigend nimmt der Spiegel seine Umwelt in sich auf, allerdings seitenverkehrt. Der Spiegelraum allein, für sich genommen, bleibt wirkungslos. Er braucht die ergänzende Architektur, das hineingestellte Objekt und den Betrachter.

Im Kunstgewerbe-Museum Schloß Köpenick sollen die Spiegel als historische Folie dienen und die Objekte in ihrer dekorativen Schönheit betonen.

Die Gesamtdramaturgie der Ausstellungsgestaltung ordnet sich weitgehend dem vorhandenen Gebäude unter. Nur ab und zu wird versucht, Steigerungen herbeizuführen und Höhepunkte zu schaffen. Dazu gehören der Wappensaal, das schwarze Lackkabinett, die Porzellangalerie und der Silberbuffet-Raum mit der gemalten Stuckmarmorwand und der neuen Spiegelfläche hinter dem aufgetürmten vergoldeten Silbergeschirr.

Es gibt Objektgruppen und einzeln aufgestellte Objekte. Soweit es ging, blieben die Rückwände leer, um das Objekt in seiner Einmaligkeit freizustellen und glänzen zu lassen.

Neben Möbeln und wertvollen Einrichtungsgegenständen zeigt das Museum im Schloß Köpenick darüber hinaus wichtige Beispiele der historischen Raumkunst. Zu sehen sind einige Getäfelräume, die aus Burgen und Schlössern ausgebaut worden sind, als die Besitzer in Geldnot waren und ihre wertvollsten Stücke verkaufen mußten. Der ringsum holzgetäfelte Raum, die bis auf wenige, kleine Fensteröffnungen geschlossene, warme Raumschatulle ist das historische Gegenbild zum weißen, hellen, lichtdurchfluteten Bauhaus-Raum. Wie romantische Zitate aus der Vergangenheit wirken diese Räume heute immer noch stark und kraftvoll. Nur ihre Düsternis schreckt etwas ab.

Und dann sind da auch noch die Räume, Säle und Treppenhäuser des Schlosses selbst. Beim Gehen durch die Ausstellung sind sie manchmal die Hauptakteure, mischen sich ein, verweigern Blicke, geben Blicke frei, spielen immer mit.

Nach einem Besuch in der zweiten Hälfte des 19. Jahrhunderts beschrieb Theodor Fontane das Äußere und Innere des Schlosses ausführlich. Über den wichtigsten Raum des Gebäudes – den Wappensaal – notierte er: »Dieser Wappensaal ist zwei Treppen hoch gelegen und blickt mit seinen Fenstern auf die Spree hinaus. Im Verhältnis zu seiner Tiefe hängt die Decke zu niedrig und würde bei ihrer reichen Ornamentik noch viel mehr den Eindruck davon machen, wenn nicht die hellen Farbentöne, Weiß und Lila, die durch den ganzen Saal hin vorherrschen, eine gewisse Luftigkeit wieder herstellten ...« (Fontane, *Wanderungen durch die Mark Brandenburg*.)

Was würde Fontane heute sagen, wenn er unseren renovierten und neu gestalteten Wappensaal beträte? Wäre es ein Schock für ihn, das Breslauer Service auf einem von innen leuchtenden Milchglastisch präsentiert zu sehen, oder würde er sich verwundert-bewundernd die Augen reiben?

Die heutigen Besucher wandern durch die Ausstellungsräume, betrachten die Möbel und Gobelins, die Truhen und Gläser, das Porzellan und die Spiegel, irgendwann wird ihr Blick aus dem Fenster fallen. Auf dem Wasser glitzert die Sonne, Enten und Schwäne schwimmen vorüber. Am Bildrand wölbt sich in mehreren Bögen eine steinerne Brücke. Der Verkehr fließt vorbei. Dahinter ragen die Häuser von Köpenick auf. Der Blick schweift zurück in die Räume. Alles verbindet sich zu einer Einheit: die Vergangenheit mit ihren bewahrten Gegenständen, der heutige Blick, das Schloß Köpenick, der Schloßpark, das Wasser, der Himmel und die über die Wände tanzenden Lichtpunkte.

Kunstgewerbe-Museum Schloß Köpenick, Berlin, 2004

Now comes a barely forgivable leap in time of the kind that should not occur in the Global Museum. Earlier our thoughts took us through the lofty, solemn sky-lit galleries of the world's great museums and looked at the gold-framed classics from the heroic ages of art history with reverence and admiration. Here there was and is nothing to add. For us architects and designers it is a view of a perfect, somewhat boring period that paralyses creative imagination.

The museum of applied art described here is again just an example. Anyone setting up an applied art museum in the 21st century is making a clear statement: I am looking back at a time when applied art really did existe, and great craftsmen made overwhelming panelled rooms, wonderful inlaid tables and fine cupboards, working on them for months or even years.

The exhibition in Schloß Köpenick restricted itself consistently to the Renaissance, Baroque and Rococo period. Memories of courtly times, of kings and princes, countesses and seductive mistresses, powdered wigs and festive candlelit balls are awakened. This society was obviously there to provide pleasure and entertainment. It had the time and money to take pleasure in beautiful things. It didn't matter whether the tables, chests and cupboards really could be used; all that mattered was that they should look magnificent. The fine furniture was admired on social occasions. Anyone collecting this kind of thing felt gilded too.

Today we often no longer find the most valuable and interesting of these objects in palaces and private villas, but in public museums, accessible to every citizen. They have become public property. The renovated Schloß Köpenick represents a mixture of palace and museum. There are still authentic sequences of rooms, stucco work and painted ceilings, but the former furniture and décor is no longer there. The new design is also not trying to reconstruct the rooms as they originally were, its aim was much more to use the arc of tension between the ages – from the Renaissance to today – as an exhibition idea. The modern insertions are recognizable, they do not pretend to be historical.

The Renaissance chest and the Baroque cupboard appear as »monuments«, taken seriously and dignified with pedestals. Visitors can admire them as decorative objects or as art-historical phenomena, according to their own interests. No one is allowed to touch the objects. Only looking is permitted. Anyone with the requisite knowledge can discover a whole variety of woods: ash, beech, birch, box , cherry, chestnut, ebony, elm, fir, king-wood, larch, lemonwood, lime, mahagony, maple, oak, olive, padouk, palisander, pear, pine, plane, plum, poplar, satinwood, spruce, teak, walnut, yew. Most of these woods are no longer used for furniture making. Anyone visiting this museum can learn something about materials, surfaces and treatment. He can enthuse about this noble luxury. Compared with IKEA and MFI, this is a journey to a distant land of milk and honey!

The theme of mirrors runs through the rooms like a leitmotif. There are mirrors on plinths (heraldic gallery), on walls (panelled rooms) and behind objects (chamber of art treasures). In terms of art history, the mirror is an ideal link between the Baroque addiction to illusion and Modernism's addiction to virtuality and simulation.

It is well known that from the installation of the Hall of Mirrors in Versailles onwards mirrors and mirrored rooms were a fashionable Baroque and Rococo phenomenon. Mirrors had a dual function here: they suited the vain self-love of the age, you could look at yourself at feasts and receptions as if in a film – and then it gave an impression of additional space that was not actually there. The illusion of the double self corresponded with the architectural expansion into fictitious spaces.

Mirrors absorb their surroundings silently, without words, but they present it the other way round. A room with mirrors alone makes no effect. It needs the architecture to complement it, the object placed in position and the viewer.

In the Schloß Köpenick applied art museum the mirrors are intended to serve as a historical foil and emphasize the decorative beauty of the objects.

The overall exhibition design dramaturgy is largely subordinated to the existing building. There are only occasional attempts to enhance and create highlights. These include the heraldic gallery, the black lacquer cabinet, the porcelain gallery and the silver buffet rooms with the painted marble stucco wall and the new mirrored area behind the towering piles of gilded silverware.

There are groups of objects and objects placed individually. The rear walls were left empty wherever possible, so that the object could be seen and glow freely in all its uniqueness.

As well as furniture and valuable fittings the Schloß Köpenick museum shows important examples of historic room design. The exhibition includes some panelled rooms removed from castles and palaces when their owners were short of money and had to sell their most valuable items. The fully panelled room, a warm place like a jewelcase, closed except for a few window apertures, is the historical counter-image to the white, bright, light-flooded Bauhaus room. These rooms seem like romantic quotations from the past, still making a strong and powerful impact. Only their gloom is sometimes a little off-putting.

And then there are still the rooms, halls and staircases of the palace itself. These are often the principal protagonists for visitors walking through the exhibition, joining in, blocking views, opening up views, always playing their part.

After a visit in the second half of the nineteenth century, Theodor Fontane wrote a detailed description of the interior and exterior of the palace. He noted on most important room in the palace – the heraldic room: »This heraldic room is up two flights of stairs, and its windows look out over the Spree. The ceiling hangs too low in relation to the room's depth, and its rich ornamentation would add to this impression even more if it were not for the fact that the light colours, white and lilac, that dominate the whole room, restore a certain airiness ...« (Fontane, *Wanderungen durch die Mark Brandenburg*.)

What would Fontane say today if he came into our renovated, redesigned heraldry room? Would it come as a shock to him to see the Breslau service presented on an opaline table, lit from within, or would he rub his eyes in admiration and amazement?

Today's visitors wander through the exhibition galleries, look at the furniture and tapestries, the chests and glasses, the porcelain and mirrors, and at some time or another they will look out of the windows. The sun is glinting on the water, ducks and swans swim by. At the edge of the picture a stone bridge with several arches crosses. Traffic runs past. Behind rise the houses of Köpenick. The eye comes back into the room. Everything comes together and unites: the past with the objects that have been kept, the view today, Schloß Köpenick, the palace park, the water, the sky and the points of light dancing over the walls.

1–3. Grundrisse (Erdgeschoß, 1. Obergeschoß, 2. Obergeschoß). Legende: 1 Ein- und Ausgang, 2 Kasse und Garderobe, 3 Renaissance/Barock, 4 Veranstaltungssaal, 5 Wechselausstellungsbereich, 6 Lackkabinett, 7 Barock- und Rokokomöbel, 8 Porzellangalerie, 9 Kunstkammerraum, 10 Lackkabinett (Chinoiserien), 11 Wappensaal mit Breslauer Service, 12 Kabinett Wiesentheit, 13 Silberbuffetsaal.

1–3. Floor plans (ground floor, 1st floor, 2nd floor). Key: 1 entrance and exit, 2 cash desk and wardrobe, 3 Renaissance/Baroque, 4 event hall, 5 temporary-exhibition hall, 6 lacquer room, 7 Baroque and Rococo furniture, 8 porcelain gallery, 9 small-art treasures gallery, 10 lacquer room (chinoiserie), 11 heraldic gallery with Breslau service, 12 Wiesentheit room, 13 silver-buffet hall.

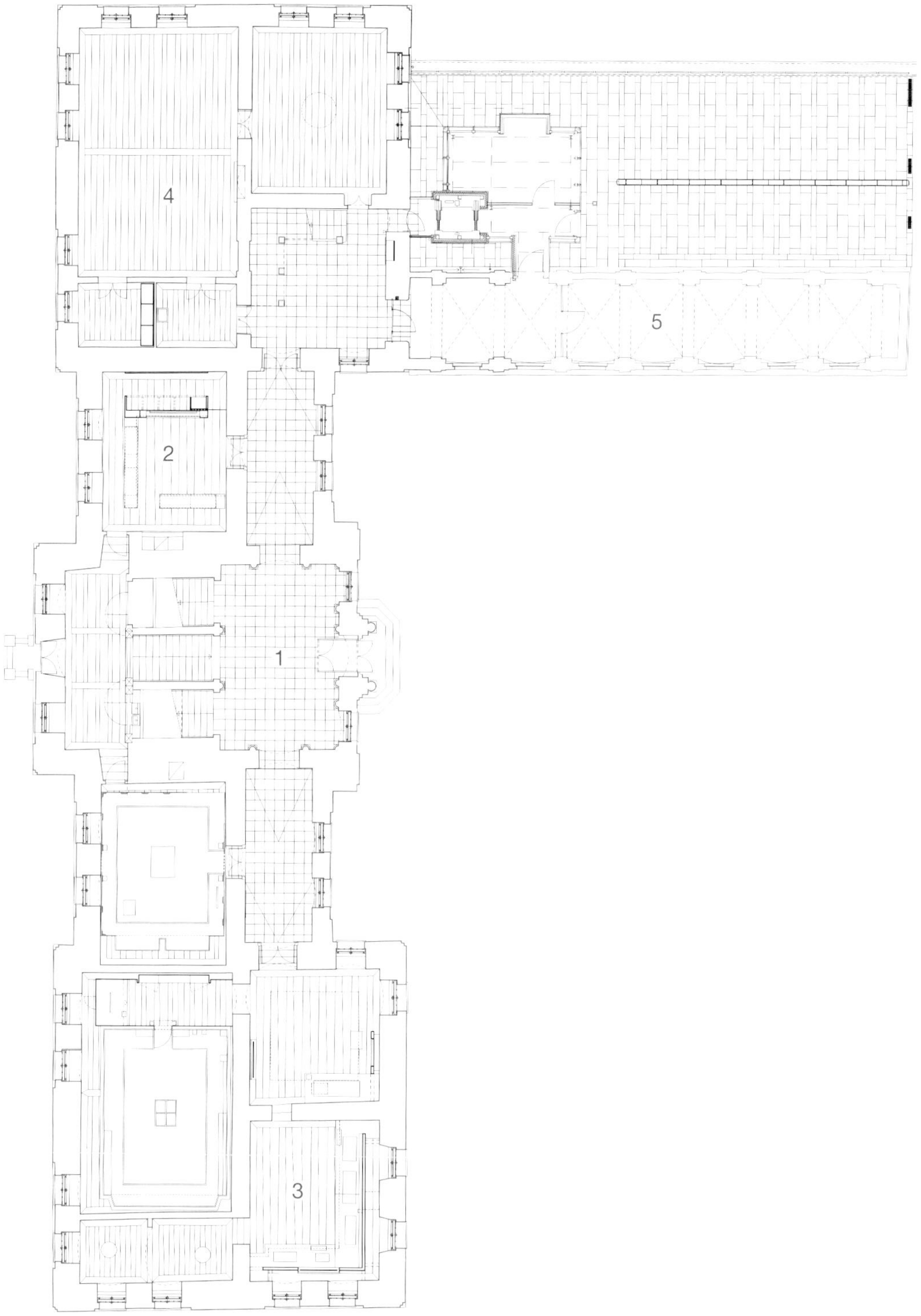

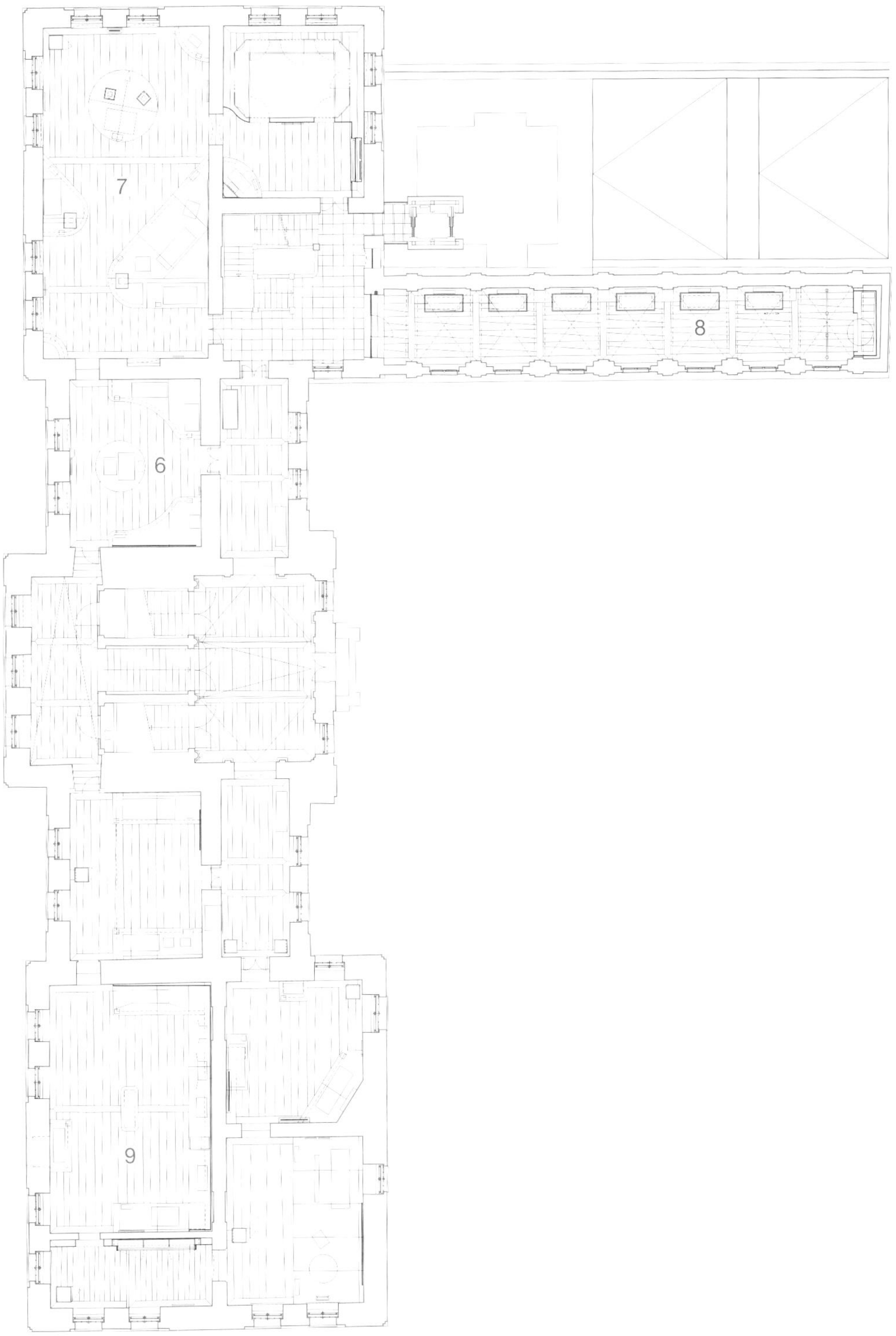
7
8
6
9

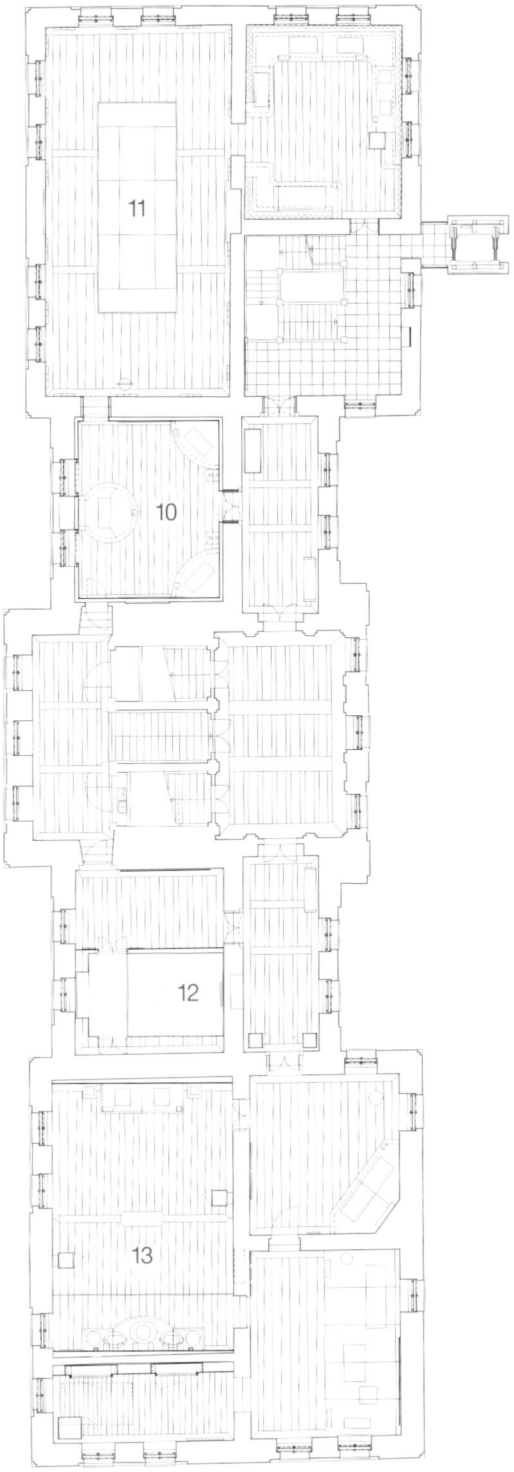
11
10
12
13

4. Renaissanceraum.
5. Kunstkammer-Raum
6. Porzellangalerie.

4. Renaissance room.
5. Small-art treasures gallery
6. Porcelain gallery.

7. Barock-/Rokokosaal.
8. Silberbufett-Saal.

7. Baroque-/Rococo hall.
8. Silver buffet hall.

9, 10. Lackkabinett mit chinesischen Möbeln, Tapeten und Vasen.
11. Raum mit Rokokomöbeln.

9, 10. Lacquer room with Chinese furniture, wallpapers, and vases.
11. Room with Rococo furniture.

12. Wappensaal mit Breslauer Service.

12. Heraldic gallery with Breslau service.

»Ulmer Modelle. Modelle nach Ulm. 50 Jahre HfG«, Stadthaus Ulm, 2003

Während die bisher vorgestellten Möbel weitgehend kunstvolle Einzelanfertigungen von bedeutenden Möbelschreinern waren, handelt diese Ausstellung von den Problemen des Designs für die Massenfertigung in der Mitte und zweiten Hälfte des 20. Jahrhunderts. Auch dieses Thema sollte im Global Museum dargestellt werden.

Die Ulmer Hochschule für Gestaltung wurde 1953 gegründet und 1968 geschlossen. In den fünfzehn Jahren ihres Wirkens und lange danach übte die Ulmer Lehre einen gewaltigen Einfluß auf die Produktgestaltung in Deutschland und Europa, vielleicht sogar der ganzen Welt aus.

Die Idee der Gründer bestand darin, das Dessauer Bauhaus, das 1933 von den Nationalsozialisten geschlossen worden war, fortzusetzen. Max Bill, der am alten Bauhaus studiert hatte, entwarf das neue Gebäude für Ulm. Die Sprache dieser Architektur wurde zum Programm: reduziert, karg, geometrie-orientiert, schnörkellos, den Idealen der Industrie und der Wissenschaft nahe. Fast alle Professoren und Dozenten – sie kamen aus der ganzen Welt – neigten zu linken bis kommunistischen Weltanschauungen. Man wollte das restaurative Adenauer-Deutschland provozieren und daran erinnern, daß humane Ideen nicht aus Mief, Muff, Wiederbewaffnung und Gelsenkirchener Barock entstehen können.

Heute erscheint es fast tragisch, daß den Professoren und Studenten von damals noch keine Computer zur Verfügung standen. Ihre Zeichnungen und Übungen sehen alle aus wie vom Computer produziert, wurden damals jedoch mit Bleistift, Pinsel und Lineal gezeichnet. Der Begriff von Leben, Wohnen und Wahrhaftigkeit, der in den Köpfen schwebte, erinnert an die Selbstkasteiung klösterlicher Verzichtrituale. Alles Barocke galt als katholisch, verlogen und falsch. Den größten Designfeind erkannte man in Raymond Loewy, dem genialen Erfinder der Coca-Cola-Flasche. Er galt als erotomaner Verführer der Massen und daher als Verbündeter des Teufels und des Kapitals.

Wenn ich heute die Produkte der HfG anschaue, denke ich an abgenagte Knochen, an Skelette, verklemmte Lebensfeindlichkeit und an besserwisserisches Formdiktat. Die berühmtesten Objekte – der Ulmer Hocker oder das Braun-Radio – strahlen immer noch eine mahnende Aura aus, es tut gut, sie ab und zu anzuschauen. Die Ehrlichkeit der Bemühungen hat etwas aufschreckend Radikales.

Die Gegenbewegung rollte mit fröhlicher Hippie-Flower-Power und der bunten, leicht indisch angehauchten Sergeant-Pepper-Romantik bald darauf über Deutschland und die Welt hinweg. Es sind immer wieder die gleichen Wellenbewegungen und Pendelausschläge: vom Reduzierten zum Barock-Expressiven, vom Abstrakten zum Sinnlichen, von der Minimal Art zur bizarren Romantik.

Die Ulmer Ausstellung fand im Stadthaus statt. Dieses Gebäude wurde vor zehn Jahren vom New Yorker Architekten Richard Meier entworfen und gebaut: ein schneeweißes, ziemlich verwinkeltes, trotzdem klares, geometrie-verliebtes Nach-Bauhaus-Gebäude. Genau der richtige Ort für unser Thema!

Im mehrgeschossigen Lichthof, der gleichzeitig als Treppenhaus dient, richtete ich das Haupt-Inszenierungsobjekt der Ausstellung ein, ihr Bewußtsein und Gehirn zugleich: eine waagerecht liegende, hinterleuchtete, kreisförmige, vier Meter messende Milchglasscheibe, auf deren Oberfläche in großen Lettern die Grundlehrbegriffe der Ulmer Schule gedruckt waren. Von der Scheibe strahlten gespannte Stahldrähte in alle Geschosse aus. Diese Drähte waren mit ihren Enden an den Geländern der Einzelgeschosse befestigt. Hier war auch der Ort, an dem das Einzelthema abgehandelt wurde. Die Begriffe hingen zur Verdeutlichung auch noch einmal an den Einzelseilen. Als Gesamtbild entstand ein Netzwerk aus Begriffen, Gedanken, Ausstrahlungen und Querverbindungen.

1, 2. Blick in die Ausstellungsräume. In den Vitrinen liegen Studentenarbeiten. An der schwarzen Wand stehen geometrische Arbeitsmuster der Professoren.

1, 2. View of the exhibition galleries. The showcases contain students' work. Geometrical work patterns by professors are placed by the black wall.

»Ulm models. Models after Ulm. 50 years of the HfG«, Stadthaus Ulm, 2003

The furniture presented previously consisted largely of artful individually made pieces by important cabinet makers, while this exhibition deals with design problems for mass production in the middle and the second half of the 20th century. This theme should be presented in the Global Museum as well.

The Hochschule für Gestaltung in Ulm was founded in 1953 and closed in 1968. In the fifteen years in which it operated and for a long time afterwards the Ulm doctrine had an enormous influence on product design in Germany and Europe, and perhaps all over the world.

The founders' idea was to continue the Dessau Bauhaus, which had been closed by the National Socialists in 1933. Max Bill, who had studied at the old Bauhaus, designed the new building for Ulm. The language of this architecture became a manifesto: reduced, spare, geometry-oriented, without flourishes, close to the ideals of industry and science. Almost all the professors and lecturers – they came from all over the world – inclined towards left-wing to communist views. The aim was to provoke restorative Adenauer Germany and remind people that humane ideas cannot come from fugs, mustiness, rearmament and Gelsenkirchen Baroque.

Today it seems almost tragic that the professors and students did not have computers available in those days. Their drawings all look as though they are computer-generated, but they were produced with pencil, paintbrush and ruler. The concept of life, living and truthfulness they had in their heads is reminiscent of the self-castigation of monastic denial rituals. Anything baroque was considered Catholic, dishonest and false. They identified Raymond Loewy, the brilliant designer of the Coca-Cola bottle, as the arch-enemy of design. He was seen as an erotomaniac seducer of the masses, and thus in league with the devil and capitalism.

When I look at HfG products today they make me think of gnawed bones, skeletons, inhibited hostility to life and know-all formal dictatorship. The most famous objects – the Ulm stool or the Braun radio – still exude an admonitory aura, and it does me good to look at them from time to time. There is something terrifyingly radical about the honesty of these efforts.

Soon afterwards, the counter-movement with hippie flower-power and colourful Sergeant Pepper romanticism, and a slight hint of India, swept over Germany and the world. These wave movements and swings of the pendulum are always the same: from reduction to Baroque expressiveness, from the abstract to the sensual, from Minimal Art to bizarre romanticism.

The Ulm exhibition was held in the Stadthaus. This building was designed and built ten years ago by the New York architect Richard Meier: a snow-white building, with a fair number of nooks and crannies, but nevertheless a lucid and geometry-friendly, post-Bauhaus building. Just the right place for our subject matter!

I placed the main staged item in the exhibition, its consciousness and its brain in one, in the multi-storey atrium, which also serves as a stairwell: a pane of opaline glass, lying horizontally, back-lit, circular and measuring four metres, with the basic tenets of the Ulm School printed on its surface in large letters. Steel wires were stretched from this pane to all floors. The ends of the wires were fastened to the banisters of the individual floors, identifying the place where the particular theme was dealt with. The terms hung on the individual wires as well, to make things clearer. This produced an overall image of concepts, ideas, radiations and cross-connections.

Lehre
Politisches Bewusstsein
Industrialisiertes Bauen
Grundlehre
Produktgestaltung
Information
Visuelle Kommunikation
Film

3. Blick in das zentrale Treppenhaus.
4, 5. Raum im Obergeschoß mit ausgewählten Designobjekten.

3. View of the central staircase.
4, 5. Room on the upper floor with selected design objects.

»Wege, Irrwege, Umwege. Die Entwicklung der parlamentarischen Demokratie in Deutschland«, Deutscher Dom, Berlin, 2002

Dieses Thema führt weit weg von Kunst- und Designgeschichte und hat nur sehr indirekt mit Dingen und Ausstellungen im üblichen Sinne zu tun. In den Kunstmuseen werden politische Themen fast nie behandelt. Dafür gibt es die Häuser für Geschichte. Im übrigen ist das Unterrichts- und Lehrstoff für Schulen und Universitäten. Im Global Museum sollten Gesellschaftsordnungen intensiv vorgestellt, diskutiert und auch ausgestellt werden, vor allem die Entgleisungen von politischen Strukturen in Diktaturen sind als Themen interessant.

Zugegeben: Man muß eine gewisse Hemmschwelle überwinden, um eine Ausstellung über die parlamentarische Demokratie in Deutschland in eine ehemalige protestantische Kirche einzubauen. Aber wenn man bedenkt, daß der deutsche demokratische Parlamentarismus 1848/49 in einer Kirche – der Paulskirche in Frankfurt – begonnen hat, erscheint der Vorgang nicht mehr so ungewöhnlich.

Nachdem die kriegszerstörte Ruine des Deutschen Doms am Gendarmenmarkt in den 1990er Jahren renoviert worden war, blieb die zukünftige Funktion des Gebäudes zunächst unklar. In der Zeit des Parlamentsumzugs von Bonn nach Berlin wurde die im alten Reichstag gezeigte Ausstellung »Fragen an die deutsche Geschichte« provisorisch hier untergebracht.

Nach deren Abbau gingen wir ans Werk. Die Grundrisse der vorhandenen Bausubstanz diktierten Struktur und Gliederung der neuen Ausstellung. Wir planten auf jeder der vier Ebenen einen Besucherrundweg. In die jeweils drei halbkreisförmigen Konchen wurden die einzelnen Themenkomplexe eingebaut.

Der zentrale, fast alle Geschosse durchdringende Rundraum bot sich in seiner Verwendung als symbolisches Parlament geradezu an. Hier kreuzen sich alle Wege und Blicke. Durch Türen, Fenster und Schlitze können die Besucher aus den verschiedenen Ausstellungsebenen in diesen hohen Raum hineinblicken. Auf einer weißen, leicht gebogenen Projektionsfläche sind Filmaufnahmen historischer Parlamentsdebatten zu sehen.

Jede Ausstellung und jedes Museum birgt spezielle, themenbedingte Probleme. Beim Filmmuseum wird es das Medium selbst sein, das eigentlich nur aus Licht und Schatten besteht und so keine materielle Anwesenheit besitzt, beim Parlamentarismus verhält es sich ähnlich: Auch die gesprochenen Worte besitzen keine sichtbare, materielle Präsenz.

Hier im Deutschen Dom ging es um die Vergegenwärtigung gesellschaftlicher und politischer Strukturen, um die Sichtbarmachung demokratischer Prozesse und um die Darstellung historischer Entwicklungen zu diesen Themenkomplexen innerhalb der letzten zweihundert Jahre.

Es liegt auf der Hand, daß Texte, Graphikflächen, Diagramme, Photos und Videos überwiegen. An Originalexponaten gibt es nur eine Erstausgabe des Grundgesetzes, das alte Adler-Relief aus dem Reichstagsgebäude, eine große Wahlurne aus Bonn, Fundstücke von der Reichstags-Baustelle, Büsten von Marx, Lenin, Engels und ein großes Staatsemblem mit Hammer und Sichel aus dem Ostberliner Palast der Republik.

In der Domkuppel, im vierten Obergeschoß, versammelten wir unter dem Titel »Parlamentsarchitektur in Deutschland« Modelle aller wichtigen Parlamentsgebäude: das Ständehaus in Kassel, das Reichstagsgebäude in Berlin von Wallot, die große Berliner Halle von Speer, den Palast der Republik von Grafunder, den Bonner Plenarbereich am Rheinufer von Behnisch, den Wettbewerbsentwurf von Foster zum Reichtagsumbau in Berlin und Detailmodelle zum ursprünglichen Foster-Entwurf.

»Pathways, false ways, alternative ways. The development of parliamentary democracy in Germany«, Deutscher Dom, Berlin, 2002

This theme takes us a long way from art and design history and is only very indirectly connected with things and exhibitions in the usual sense. Art museums very seldom address political themes. Institutions devoted to history do that. And it is also teaching and learning material for schools and universities. Social orders should be introduced, discussed and also exhibited extensively in the Global Museum. Derailments of political structures in dictatorships are interesting themes.

Admittedly: a certain inhibition threshold has to be overcome if one is to mount an exhibition about parliamentary democracy in German in a former Protestant church. But when you remember that German democratic parliamentarianism started in a church – the Paulskirche in Frankfurt – in 1848/49, then the approach does not seem so unusual.

After the war-damaged ruin of the Deutscher Dom – the German Cathedral – at Gendarmenmarkt had been renovated in the 1990s, the future function of the building was not clear at first. At the time parliament was moving from Bonn to Berlin the »Questions to German History« exhibition from the old Reichstag was moved here temporarily.

When it moved out we got to work. The ground plans of the existing building dictated the structure of the new exhibition. We planned a visitors' route on each of the four levels. The individual thematic clusters were installed in the three semi-circular conches on each level.

The central rotunda, which rises through almost all the floors, suggested itself very positively as a symbolic parliament. Here all the routes and sightlines meet. Visitors can look into this high space through doors, windows and slits on the various exhibition levels. Film sequences of historical parliamentary debates are shown on a white, slightly curved screen.

Every exhibition and every museum has its own special problems relating to subject matter. In a film museum the problem is the medium itself, which actually consists only of light and shade, and so has no material presence, and something similar is true of parliamentarianism: spoken words do not have a visible material presence either.

Here in the Deutscher Dom we wanted to make social and political structures visible, along with democratic processes, and to present historical developments around these clusters of subject matter within the last two hundred years.

It is obvious that texts, graphics screens or panels, diagrams, photographs and videos will predominate. The only original exhibits are a first edition of the Grundgesetz, the German constitution, the old eagle relief from the Reichstag, a large ballot box from Bonn, finds from the Reichstag building site, busts of Marx, Lenin and Engels and a large state emblem with hammer and sickle from the Palast der Republik in East Berlin.

In the cathedral dome, on the fourth floor, we brought together models of all the important parliamentary buildings, under the title »Parliamentary architecture in Germany«: the Ständehaus in Kassel, Wallot's Reichstag building in Berlin, Speer's great Berlin hall, Grafunder's Palast der Republik, Behnisch's Bonn plenary chamber on the banks of the Rhine, Foster's competition design for the Reichstag conversion in Berlin and detailed models of the original Foster design.

1. Deutscher Dom, Gendarmenmarkt, Berlin. Außenansicht.

1. Deutscher Dom, Gendarmenmarkt, Berlin. Exterior view.

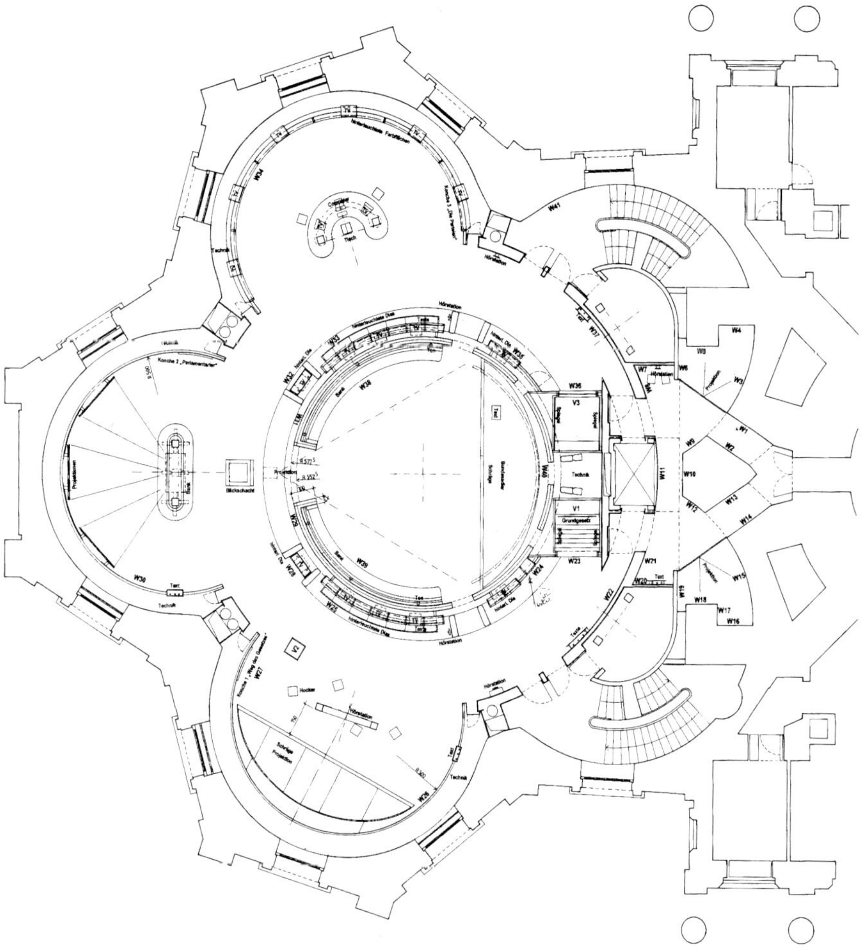

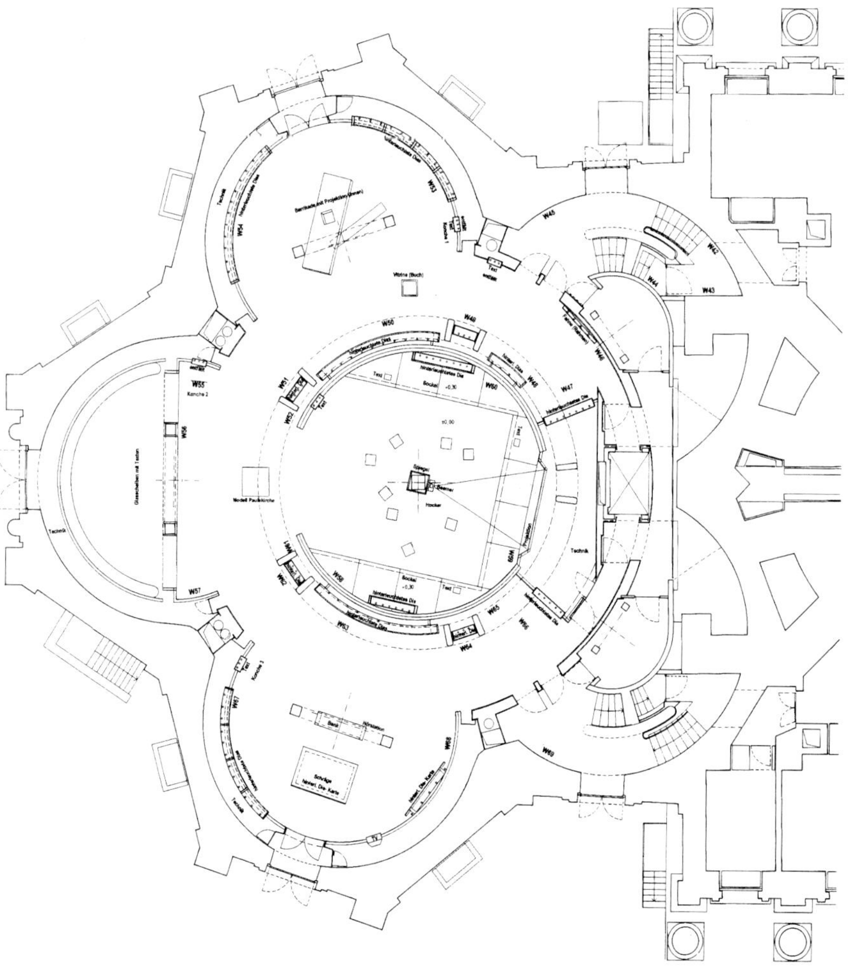

2–6. Grundrisse (Untergeschoß, Erdgeschoß mit zentraler Rotunde, 1. Obergeschoß, 2. Obergeschoß) und Schnitt.

2–6. Plans (basement, ground floor with central rotunda, 1st floor, 2nd floor) and section.

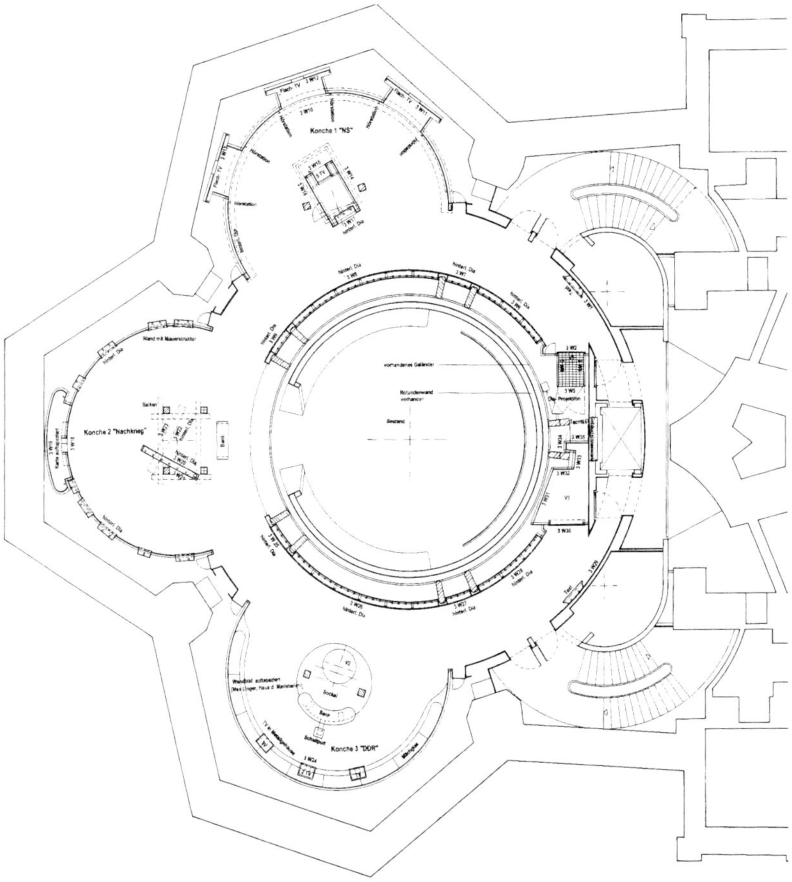
Konche 1 "NS"
Konche 2 "Nachkrieg"
Konche 3 "DDR"

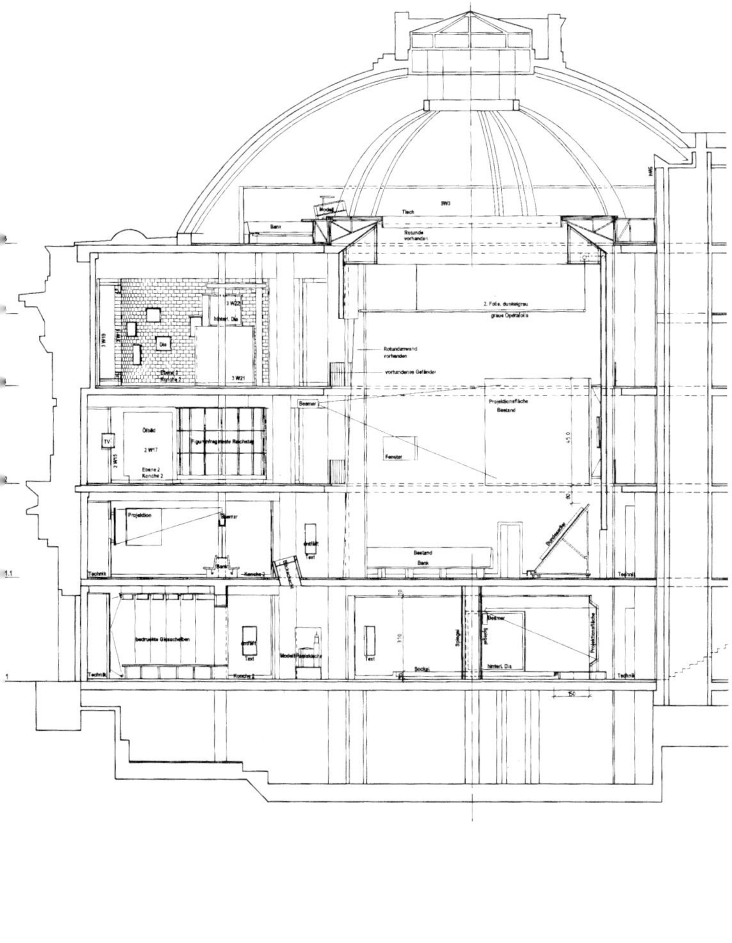

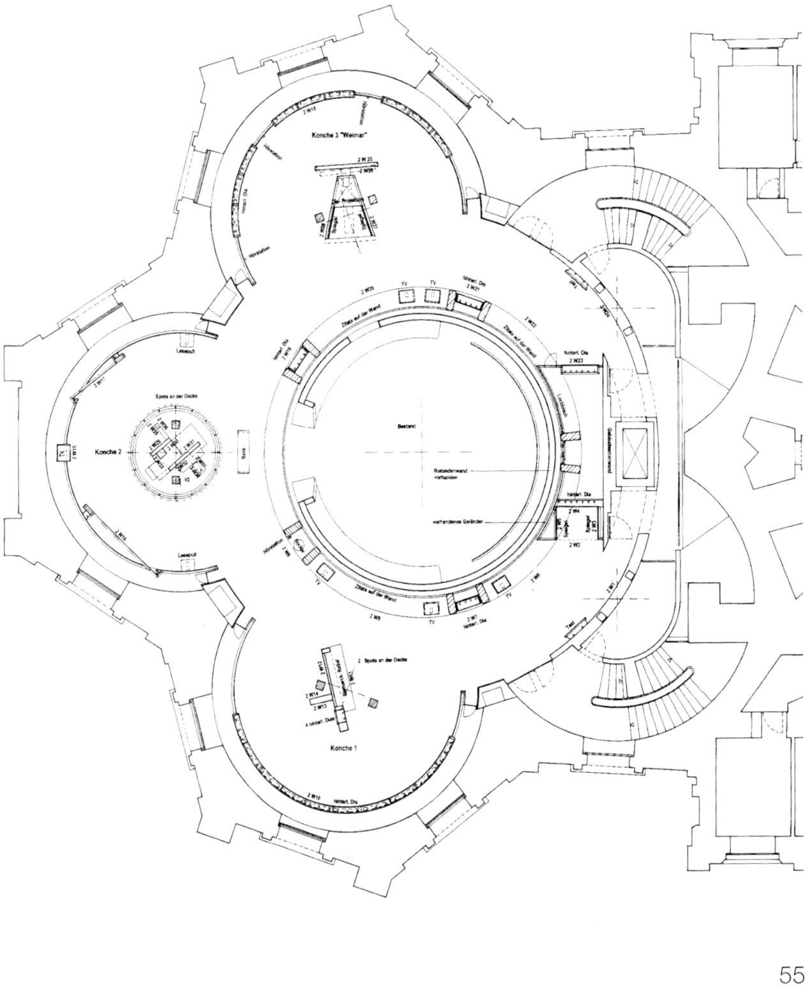
Konche 3 "Weimar"
Konche 2
Konche 1

7. Links Zitate aus verschiedenen deutschen Grundgesetzen; in der Vitrine ein Modell der Paulskirche.
8. Revolutionäre Vorgänge 1848.
9. Deutsche Parlamentarier.

7. To the left quotations from various German basic laws; in the showcase a model of the Paulskirche.
8. Revolutionary events area relating to 1848.
9. German members of parliament.

10. Haupthalle.
11. Der Weg eines Gesetzes in Deutschland.
12. Fundstücke aus der Baustelle des Berliner Reichstags.

10. Main hall.
11. The way of a law in Germany.
12. Finds from the construction site of the Berlin Reichstag.

13. Modell des alten Reichstags von Paul Wallot und der Siegessäule.
14. Modell der Bundestagsbauten in Bonn von Günter Behnisch.

13. Model of the old Reichstag by Paul Wallot and the Siegessäule.
14. Model of the Bundestag buildings in Bonn by Günter Behnisch.

Gedenkstätte Bergen-Belsen, 2003–2007

An die Visualisierung politischer Strukturen schließt sich eine Ausstellung über die extremen Grausamkeiten an, die Menschen anderen Menschen zugefügt haben.

Die Besucher sollen die Augen davor nicht verschließen. Sie müssen sich die schlimmsten Massaker, Völkermorde, Kriege, Schlachten und Attentate in Photos, Filmen und Dokumentationen ansehen. Es gibt weltweit zahlreiche Denkmäler und Gedenkstätten dafür. Vor allem an den Holocaust – das furchtbarste Verbrechen des 20. Jahrhunderts – wird in vielen Ländern erinnert: Yad Vashem in Jerusalem, Holocaust-Museum in Washington, Holocaust-Denkmal und Jüdisches Museum in Berlin.

Fast jeder kennt die entsetzlichen Filme, die britische Kameraleute 1945 von den Leichenbergen in Bergen-Belsen gedreht haben. Diese Bilder gehören zu den furchtbarsten Dokumenten des 20. Jahrhunderts. Gäbe es sie nicht, könnten immer wieder Menschen behaupten, die Ereignisse seien reine Propaganda und hätten niemals stattgefunden.

Als die Engländer im April/Mai 1945 das Lager erreichten, wurden alle ihre Vorurteile gegenüber den Deutschen bestätigt. Sie kamen in einem Moment, als Typhus und andere Seuchen die ausgehungerten Lagerinsassen aus vielen Nationen Europas zu Hunderten, in den letzten Tagen zu Tausenden sterben ließen. Allein im März 1945 starben mehr als 18 000 Häftlinge in Bergen-Belsen.

Bergen-Belsen war kein Vernichtungslager wie Auschwitz, Treblinka oder Birkenau. Ursprünglich sollte es »nur« Kriegsgefangene – aus Polen, Rußland, Italien und Frankreich – aufnehmen. Die gesunden Gefangenen wurden als Zwangsarbeiter mißbraucht, die anderen – vor allem Juden aus reichen Familien – sollten hier warten, bis sie gegen im Ausland internierte Deutsche ausgetauscht werden könnten.

Die Kriegsereignisse veränderten das Lager zunehmend. Am Ende war es total überfüllt und wurde immer mehr zum Konzentrationslager, allerdings ohne Gaskammern. Nachdem ein in Auschwitz ausgebildeter Offizier – Josef Kramer – 1944 Kommandant geworden war, galten neue Sitten. Er duldete, daß Aufseher und Aufseherinnen die Gefangenen hemmungslos quälten. Zu trauriger Berühmtheit brachte es dabei eine Frau: Irma Reese. Nach dem Krieg wurde sie in englischen und amerikanischen Wochenschauen und Zeitungen zur »Bestie von Bergen-Belsen« stilisiert. Wie Kramer und viele andere Aufseher endete sie am Strang.

Die berühmteste Tote von Bergen-Belsen ist zweifellos Anne Frank. Sie starb hier zusammen mit ihrer Schwester Margot einen Monat vor der Befreiung an Typhus und wurde in einem Massengrab beerdigt.

Seit Öffnung der Mauer können westliche Historiker in osteuropäischen Archiven arbeiten. Es kam dadurch zu einer enormen Wissensexplosion. Heute sind fast alle Namen der Gefangenen und Toten von Bergen-Belsen bekannt. Alle wesentlichen Vorgänge, Namen und Ereignisse sind recherchiert und dokumentiert. In Hunderten von Filmen – entstanden zwischen 1995 und 2005 – berichten Überlebende, von denen die meisten als Kinder oder Jugendliche im Lager waren, von ihren Qualen.

Vor einigen Jahren gelangten niedersächsische Politiker zu der Meinung, daß die Ausstellungsgebäude aus den 1960er und 1990er Jahren den Ansprüchen der Zukunft nicht mehr genügten. Man schrieb einen Architekturwettbewerb aus, den ein Braunschweiger Büro gewann. 2003 gab es einen erneuten Wettbewerb für die museale Innengestaltung, den ich (in Zusammenarbeit mit dem Graphiker Berthold Weidner) für mich entscheiden konnte. Meine Grundidee bestand darin, das langgestreckte Gebäude zu teilen: rechts die Dokumentation, links die Emotion (Video-Berichte von Überlebenden).

Insgesamt sollte ein Gebäude entstehen, das in seiner Wirkung und Bedeutung zwischen »Gedenkstätte« und »Dokumentationszentrum« steht – ein Archiv des Grauens, das mit Fakten und Tatsachen arbeitet und Vitrinen als gläserne Archivschränke einsetzt. Jeder Besucher kann die Dokumente studieren und den Verlauf der Katastrophe nachvollziehen.

Früher wurden Denkmäler für Helden und Siege errichtet, selten für Niederlagen. Das hat sich im 20. Jahrhundert geändert, obwohl die Änderung vielleicht nicht so radikal ist, wie es im ersten Moment aussieht, da ja die Opfer im Mittelpunkt stehen, die wir auch als Helden betrachten.

Nach dem Krieg überwog in Deutschland die Auffassung: »Vergessen wir und fangen neu an!« Das Bergen-Belsen-Gelände wurde zu einem lieblichen Heidepark umgestaltet, in dem nur die auf den niedrigen Mauern vermerkten Toten-Zahlen irritierten. Das soll sich mit der jetzigen Initiative ändern.

Bergen-Belsen memorial, 2003–2007

After the visual presentation of political structures comes an exhibition about the extremes of cruelty that man can inflict on his fellow men.

Visitors should not close their eyes to this. They should be compelled to look at photographs, films and records of the worst massacres, genocides, wars, battles and assassinations. There are numerous monuments and memorials to these all over the world. The Holocaust in particular – the most terrible crime of the 20th century – is remembered in many countries: Yad Vashem in Jerusalem, the Holocaust museum in Washington, the Holocaust Memorial and the Jewish Museum in Berlin.

Almost everyone knows the horrific films made by British cameramen of the piles of corpses in Bergen-Belsen. These images are among the most terrible documents of the 20th century. If they did not exist, people could still assert that these events are mere propaganda and never took place.

When the British reached the camp in April/May 1945, all their prejudices against the Germans were confirmed. They arrived at a moment when typhoid and other diseases had killed the starving inmates from many European nations in their hundreds, and in recent days in their thousands. In March 1945 alone, over 18 000 prisoners died in Bergen-Belsen.

Bergen-Belsen was not an extermination camp like Auschwitz, Treblinka or Birkenau. Originally it was intended to take »only« prisoners of war – from Poland, Russia, Italy and France. The healthy prisoners were abused as forced labourers, and the others – above all Jews from rich families – were to wait here until they could be exchanged with interned Germans from abroad.

The events of war increasingly changed the camp. At the end it was totally overcrowded and became more and more of a concentration camp, though without gas chambers. New customs came into play after an officer trained at Auschwitz – Josef Kramer – became camp commander. He tolerated unrestrained torture of prisoners by the guards. One woman acquired tragic fame in this way: Irma Reese. She was portrayed as the »beast of Bergen-Belsen« in English and American newsreels and newspapers after the war. She was hanged, like Kramer and many of the other guards.

Undoubtedly the most famous woman to die in Bergen-Belsen is Anne Frank. She succumbed to typhoid fever here with her sister Margot a month before the camp was liberated, and was buried in a mass grave.

Since the Wall fell, Western historians have had access to Eastern European archives. This led to an enormous explosion of knowledge. Today the names of almost all the people who died in Bergen-Belsen are known. All the main processes, names and events are researched and documented. Survivors talk of their torments in hundreds of films – made between 1995 and 2005. Most of them were children or young men and women when in the camp.

A few years ago, politicians in Lower Saxony decided that the exhibition buildings dating from the 1960s and the 1990s were not appropriate to future needs. An architectural competition was announced, and won by a Braunschweig practice. There was another competition in 2003 for the interior design of the museum, and I (working with the graphic artist Berthold Weidner) managed to win this. My basic idea was to divide the long building up: on the right was documentation, on the left emotion (video reports by survivors).

Overall a building is to emerge that would be somewhere between a »memorial« and a »documentation centre« in the effect it made – an archive of horror, working with facts and using showcases as glass filing cabinets. Every visitor can study the documents and understand the course of the disaster.

Monuments used to be erected to heroes and victories, rarely for defeats. This changed in the 20th century, even though the change is not as radical as it seems at first, as the victims are at the centre, and we see them as heroes too.

After the war the prevalent view in Germany was »Let's forget and make a fresh start!« The Bergen-Belsen site was redesigned as a pleasant grassy par, with the numbers of the dead noted on low walls as the only disturbing feature. The present initiative is intended to change all this.

1, 2. Modell.

1, 2. Model.

Filmmuseum Berlin, Potsdamer Platz, Berlin, 1998–2000

Es ist klar, daß auch die neuen Medien ihren Platz im Global Museum erhalten. Inzwischen gibt es in den meisten Großstädten der Welt Filmmuseen und Mediatheken. Auch Filmstudios öffnen den Besuchern zunehmend ihre Tore. Am berühmtesten sind die Universal Studios in Hollywood. Aber auch Geiselgasteig in München und der Babelsberger Filmpark in Potsdam haben einiges zu bieten.

Jedes Medium bringt Werke und Objekte hervor, die ausgestellt werden müssen. Je neuer das Medium, desto überraschter sind die Museumsbesucher, wieviel Geschichte sich bereits angesammelt hat.

Der Kontakt zur Stiftung Deutsche Kinemathek begann 1993. Damals erhielt ich den Auftrag, die Ausstellung »Kino – Movie – Cinema« zum 100. Geburtstag des Mediums Film im Martin-Gropius-Bau zu entwerfen. Diese Ausstellung fand vom 7. April bis zum 2. Juli 1995 statt und war sehr erfolgreich. Im Zentrum der Inszenierung stand die erste Präsentation des neu erworbenen Marlene-Dietrich-Nachlasses. Marlene Dietrich war am 6. Mai 1992 mit 90 Jahren in Paris gestorben. Sie hatte ihr Leben lang alles aufbewahrt, was ihr wichtig erschien: Kleider, Schuhe, Programmhefte, Photos, Notizzettel, Plakate, Möbel, Fahrkarten, Filme und Schallplatten – Material genug für ein ganzes Marlene-Dietrich-Museum.

Um ein eindrucksvolles Ausstellungsbild für den abgedunkelten Lichthof des Gropius-Baus zu produzieren, rekonstruierte ich einen Waggon des Shanghai-Express als Zitat aus dem berühmten Josef-von-Sternberg-Film. Wie im Film ließ ich das Äußere des Zuges weiß streichen. Viele der Exponate zeigte ich in den zu großen Vitrinen umfunktionierten Abteilen. Hinter dem Zug rollte ein riesiges Rad mit Sternenhimmel, Marlene-Starphotos und großen Paramount-Buchstaben. Im Innern der Baucollage konnte der Besucher den Karriereweg Marlenes von Berlin (*Blauer Engel*) bis zu den Hollywood-Filmen, ihren Nachkriegswelterfolgen als Sängerin und dem einsamen Leben in ihrer Pariser »Matratzengruft« nachvollziehen.

Während der Vorbereitung zu dieser Ausstellung flog ich 1994 nach Los Angeles und besuchte die Witwe Josef von Sternbergs in Beverly Hills. Meri von Sternberg – eine Kunsthistorikerin – zeigte mir ihre Schätze. Vor allem die expressionistischen Gemälde an den Wänden beeindruckten mich. Josef von Sternberg hatte fast sein gesamtes Honorar, das er in Berlin für seine Regiearbeit am *Blauen Engel* erhalten hatte, in Kunstkäufe investiert. Leider mußte er viele dieser Bilder in den fünfziger Jahren verkaufen, um überleben zu können, da er als Regisseur nicht mehr gefragt war. Aber ich entdeckte immer noch wertvolle Gemälde von Dix, Grosz und Heckel. Ein plastisches Porträt des Regisseurs, das der expressionistisch-neusachliche Bildhauer Rudoph Belling aus Messing geformt hatte, lieh uns Meri von Sternberg für die Ausstellung in Berlin. Warum sie allerdings bei jeder Gelegenheit behauptete, es gäbe kein Drehbuch zum *Blauen Engel*, blieb mir ein Rätsel. Sie sagte, Josef von Sternberg hätte jeweils am Abend vor dem Drehtag die anstehenden Szenen erfunden und niedergeschrieben.

Ein Teil der Berliner Ausstellung wanderte weiter nach Rom, wo sie 1996 unter dem Titel »Marlene Dietrich – Il volo dell'angelo« im Palazzo dell'Esposizioni gezeigt wurde. Weitere Ausstellungsprojekte in den nachfolgenden Jahren mit Marlene Dietrich als Hauptfigur in Paris, New York und Tokio zerschlugen sich leider.

Die dreijährige Planungsphase für das Filmmuseum war eine sehr angenehme und glückliche Zeit für mich. Als alter Film-Freak konnte ich mich in Hunderte alter Filme hineinarbeiten, Filmsets studieren und nach verwendbarem Material suchen. Zwischen 1999 und 2001 – als feststand, daß die Werkstätten der Babelsberger Filmstudios unsere Ausstellungsarchitektur bauen würden besuchte ich zahlreiche Filmproduktionen in den dortigen Studios. Der leider inzwischen verstorbene Leiter der Ausstattungsabteilung, der gleichzeitig auch Co-Direktor der ganzen Studios war – Rainer Schaper – , lud mich immer wieder dazu ein. So erlebte ich dort Chantal Ackermann bei den Dreharbeiten zu *Un Divan à New York*, einem Film mit William Hurt und Juliette Binoche. Bei einem langen Gespräch (Filmen heißt in der Realität: warten, warten ...) mit Dietrich Lohmann, dem Kameramann dieser Produktion, der die frühen Fassbinder-Filme in Bilder übersetzt hatte, erfuhr ich viel über sein Metier. Leider ist auch er bereits gestorben, nachdem er noch einige spannende Filme in Hollywood – darunter *Deep Impact* – drehen konnte.

Außerdem durfte ich Armin Müller-Stahl zuschauen, der in dieser Zeit einen Hitler-Film produzierte, dabei die Hauptrolle spielte und Regie führte. Einen ganzen Tag verbrachten wir gemeinsam auf dem Ruinen-Set zu *Enemy Before the Gates* und beobachteten den französischen Filmregisseur Jean-Jacques Annaud bei seinem feldherrnmäßigen Wirken in den nachgebauten Ruinen von Stalingrad.

Seit meinen ersten Besuchen der Cinecittà-Filmstudios in Rom 1976, wo ich die Kulissen und Aufbauten zu Fellinis *Casanova*-Film sehen und bewundern konnte, bin ich ein begeisterter Filmset-Besichtiger. Mir gefällt die fragmentarische Rekonstruktion von Realität, das temporäre Produzieren intensiver Stimmungen. Ich hätte gern einmal gestaltend in diese Filmwelt eingegriffen. Obwohl ich inzwischen schon fast 60 Bühnenbilder für Theater und Opernhäuser in der ganzen Welt entworfen und gebaut habe, ist es mir nie gelungen, auch nur einmal in diesen Bereich einzudringen und bei einem Film als Set-Designer mitzuwirken.

Die Gestaltungsidee zum Berliner Filmmuseum wurde vor allem durch das Gebäude – die Glas-Stahl-Architektur des Sony-Gebäudes am Potsdamer Platz – vorgegeben. Die zur Verfügung stehenden Räume waren lang, schmal und niedrig. Raumgreifende Inszenierungen kamen deshalb nicht in Frage. Der Architekt des Gebäudes – Helmut Jahn – stimmte nach mehreren Gesprächen, die ich mit ihm führte, zu, die beiden Filmmuseumsgeschosse nach außen zu schließen, damit innen die notwendige Dunkelheit herrsche. Außerdem akzeptierte er eine große Deckenöffnung zwischen den beiden Geschossen. Hier wollte ich eine interne Wendeltreppe einbauen.

Ich wählte den Weg als Grundmotiv der Ausstellung. Dieser Weg erweitert sich immer wieder zu Räumen. Manchmal bleibt der Raum platzartig offen, dann wieder wird er verstellt von runden, baumartigen Ausstellungselementen. Ein Vitrinenwald breitet sich aus. Zu der »Baum-Vitrinen-Idee« wurde ich durch die riesigen Betonbäume in Fritz Langs Nibelungen-Film angeregt.

Ich stellte mir den Weg durch die Filmgeschichte wie eine komponierte Partitur vor: Stille und leise Zonen gehen über in laute und schrille Bereiche, es gibt langsame Steigerungen, Wirbel, Melodie-Cluster und Harmonie-Felder. Dann wieder brechen Disharmonien wie Messerstiche durch die Bildwände. Dunkelheit überwiegt. Photos und Filmausschnitte leuchten wie Nachrichten aus einer anderen Welt. Manchmal scheinen die Bilder einsam im Raum zu schweben, dann wieder vermehren sie sich zu Bildwolken und Bildlawinen. Spiegelräume, die sich in der Unendlichkeit verlieren, expressionistische Bildzersplitterungen und glamourös gestaltete Raumfluchten wechseln einander ab.

Insgesamt erweitert sich der Weg 20mal zu Räumen; 20 Themen aus der deutschen Filmgeschichte werden hier dargestellt. Es beginnt mit einer Art Prolog (Spiegelraum: Universum der Filmbilder), dann folgen die Anfänge der Technik und der bewegten Bilder in Berlin und Paris, der Expressionismus (*Das Cabinet des Dr. Caligari*) schließt sich an. Die zwanziger Jahre und Fritz Lang mit *Metropolis* folgen. Nach Murnau wird Marlene Dietrich ausführlich dargestellt. Als Gegensatz zu ihr zeigt der Zeitweg Leni Riefenstahl mit ihrem Olympia-Film. Der Zweite Weltkrieg erstarrt zu einer kalten Stahlkammer, und der Bereich »Exil« verengt sich zu einer schmalen, verwinkelten Passage.

Erst in der Nachkriegszeit hellt sich der Raumweg wieder auf: Romy Schneider strahlt als Sissi über die Ruinen hinweg, Hildegard Knef und Gert Fröbe blicken uns an. Heinz Rühmann versucht, uns zu erheitern, bevor die neue Politisierung ihren Lauf nimmt: Margarethe von Trotta, Volker Schlöndorff (*Die verlorene Ehre der Katharina Blum*), Rainer Werner Fassbinder *(Die Ehe der Maria Braun)* und die DDR-Regisseure (vor allem *Die Legende von Paul und Paula* von Heiner Carow). Am Ende dieses Kapitels sieht der Besucher *Lola rennt* von Tom Tykwer.

An der Fortsetzung wird im Augenblick gearbeitet. Bis 2007 sollen die beiden letzten Räume des Film-Museums umgebaut und aktualisiert werden. Der Schwerpunkt liegt deutlich auf der deutschen Filmgeschichte. Über das Exil, Stargeschichten (Marlene) und die erfolgreichen deutschen Regisseure in Hollywood tritt die ganze Welt ins Blickfeld.

Filmmuseum Berlin, Potsdamer Platz, Berlin, 1998–2000

It is clear that there will be a place for the new media in the Global Museum as well. Most of the world's major cities now have film museums and media centres. Film studios are increasingly opening their doors to the public. The most famous are the Universal studios in Hollywood. But Geiselgasteig in Munich and the Babelsberg Film Park in Potsdam have something to offer as well.

Every medium produces works and objects that have to be put on show. The newer the medium, the more museum visitors are surprised how much history has already accumulated.

Contact with the Deutsche Kinemathek Foundation began in 1993. At that time I was commissioned to devise the »Kino – Movie – Cinema« exhibition for the 100th anniversary of film as a medium in the Martin-Gropius-Bau. This exhibition took place from 7 April to 2 July 1995, and was very successful. At the centre of the exhibition was the first presentation of the recently acquired Marlene Dietrich estate. Marlene Dietrich had died in Paris on 6 May 1992 at the age of 90. All her life she had kept everything she felt was important: clothes, shoes, programmes, photographs, pieces of paper with notes on them, posters, furniture, travel tickets, films and records – enough material for an entire Marlene Dietrich museum.

To produce an impressive exhibition image for the blacked-out atrium in the Martin-Gropius-Bau I reconstructed a coach from the Shanghai Express as a quotation from the famous film by Josef von Sternberg. As in the film, I had the outside of the train painted white. I showed many of the exhibits in the compartments, which had been converted into showcases. Behind the train a giant wheel was turning, featuring a starry sky, photographs of Marlene the star and large Paramount lettering. Inside the constructed collage visitors could follow Marlene's career from Berlin (*Blauer Engel*) to the Hollywood films, her post-war world triumphs as a singer and the lonely life in her Parisian »mattress grave«.

While preparing this exhibition I flew to Los Angeles in 1994 and visited Josef von Sternberg's widow in Beverly Hills. Meri von Sternberg – an art historian – showed me her treasures. I was particularly impressed by the Expressionist pictures on the walls. Josef von Sternberg had invested almost all the fee he received in Berlin for the *Blauer Engel* in buying art. Unfortunately he had to sell a lot of these pictures in the fifties in order to survive, as he was no longer in demand as a director. But I could still find valuable pictures by Dix, Grosz and Heckel. Meri von Sternberg lent us a portrait sculpture of the director made in brass by the Expressionist-Functionalist sculptor Rudolph Belling for the Berlin exhibition. But it remained a mystery to me why she took every opportunity to deny that there was a screenplay for the *Blauer Engel*. She said Josef von Sternberg had made up and written the scenes due for shooting on the evening before the shoot.

Part of the Berlin exhibition went on to Rome, where it was shown in the Palazzo dell'Esposizioni as »Marlene Dietrich – Il volo dell'angelo«. Unfortunately other exhibition projects with Marlene Dietrich as the principal figure in Paris, New York and Tokyo came to nothing.

The three-year planning period for the film museum was a very pleasant and happy time for me. As an old film freak, I was able to work my way into hundreds of old films, study film sets and look for material I could use. From 1999 to 2001 – when it had been fixed that the workshops in the Babelsberg film studios would form our exhibition architecture – I visited numerous film productions in the studios there. I was repeatedly invited to do this by the director of the sets and costumes department, who has unfortunately since died, Rainer Schaper, then also co-director of the studios as a whole. So I saw Chantal Ackermann working on shooting for *Ein Sofa in New York*, a film with William Hurt and Juliette Binoche. In a long conversation (in reality filming means waiting, waiting ...) with Dietrich Lohmann, the cameraman for this production, who had translated the early Fassbinder films into images, I found out a great deal about his trade. Unfortunately he too is already dead, though after being able to make some exciting films in Hollywood – including *Deep Impact*.

I was also allowed to watch Armin Müller-Stahl, who was producing a Hitler film at this time, while also playing the lead and directing. We spent a whole afternoon together on the ruin set for *Enemy Before the Gates*, and watched the French film director Jean-Jacques Annaud working like a general in the reconstructed ruins of Stalingrad.

I have been an enthusiastic viewer of film sets since my first visits to the Cinecittà film studios in Rome in 1976, where I was able to see and admire the backdrops and sets for Fellini's *Casanova* film. I like the fragmentary reconstruction of reality, the temporary production of intense atmospheres. I would have liked to be involved in this film world creatively. Even though I have now designed and built almost 60 sets for theatres and opera houses all over the world, I have never succeeded in getting myself into this field even once to work on a film as set designer.

The design idea for the Berlin film museum was governed above all by the building – the steel and glass architecture of the Sony Building in Potsdamer Platz. The available rooms were long, narrow and low, so there was no question of large-scale settings. The architect of the building – Helmut Jahn – agreed after several conversations I had with him to close the two film museum floors on the outside, so that it was suitably dark inside. He also accepted a large ceiling opening between the two floors. I wanted to put an internal spiral staircase in here.

I chose the path as the basic motif for the exhibition. This path constantly widens out into rooms. Sometimes the room is open like a square, then it is obstructed again with round, tree-like exhibition elements. A wall of showcases spreads out. I got the idea for the »tree showcases« from the gigantic concrete trees in Fritz Lang's Nibelungen film.

I imagined the pathway through film history like a musical score: still, quiet zones give way to loud, shrill areas, there are slow increases in intensity, eddies, melody-clusters and harmony fields. Then again disharmony breaks through the walls of images like a stabbing knife. Darkness dominates. Photographs and excerpts from films glow like news from another world. Sometimes the images seem to float in isolation in the space, then again they increase to form clouds and avalanches of images. Mirrored spaces losing themselves in infinity, expressionistically splintered images alternate with glamorously designed spatial sequences.

The path opens up into rooms 20 times in all; 20 themes from German film history are presented here. It begins with a kind of prologue (mirror gallery: universe of film images), then come the early days of technology and moving pictures in Berlin and Paris, Expressionism (*Das Cabinet des Dr. Caligari*) follows. The twenties and Fritz Lang with *Metropolis* are after that. After Murnau, Marlene Dietrich is dealt with in detail. In contrast with her, the time path shows Leni Riefenstahl with her Olympic film. The Second World War congeals into a cold steel chamber, and the »Exile« are narrows down to a cramped, twisty passage.

It is not until after the war that the pathway brightens up again: Romy Schneider gleams over the ruins as Sissi, Hildegard Knef and Gert Fröbe look at us. Heinz Rühmann tries to cheer us up before the new politicization takes its course: Margarethe von Trotta, Volker Schlöndorff (*Die verlorene Ehre der Katharina Blum*), Rainer Maria Fassbinder (*Die Ehe der Maria Braun*) and the GDR directors (above all Heiner Carow's *Die Legende von Paul und Paula*). At the end of this chapter visitors see *Lola rennt* by Tom Tykwer.

Work is in hand on what comes next at the time of writing. The two last rooms in the film museum are to be reorganized and brought up to date by 2007. The focus is firmly on German film history. The whole world comes into view via exile, star stories (Marlene) and the successful German directors in Hollywood.

1. Blick in den ringsum verspiegelten Einstimmungsraum des Museums.
2. Eingangsebene im 3. Obergeschoß.
3. Fortsetzung des Rundweges im 2. Obergeschoß.

1. View of the mirrored gallery intended to create an atmosphere in the museum.
2. Entrance level on the 3rd floor of the museum.
3. Continuation of the way around on the 2nd floor.

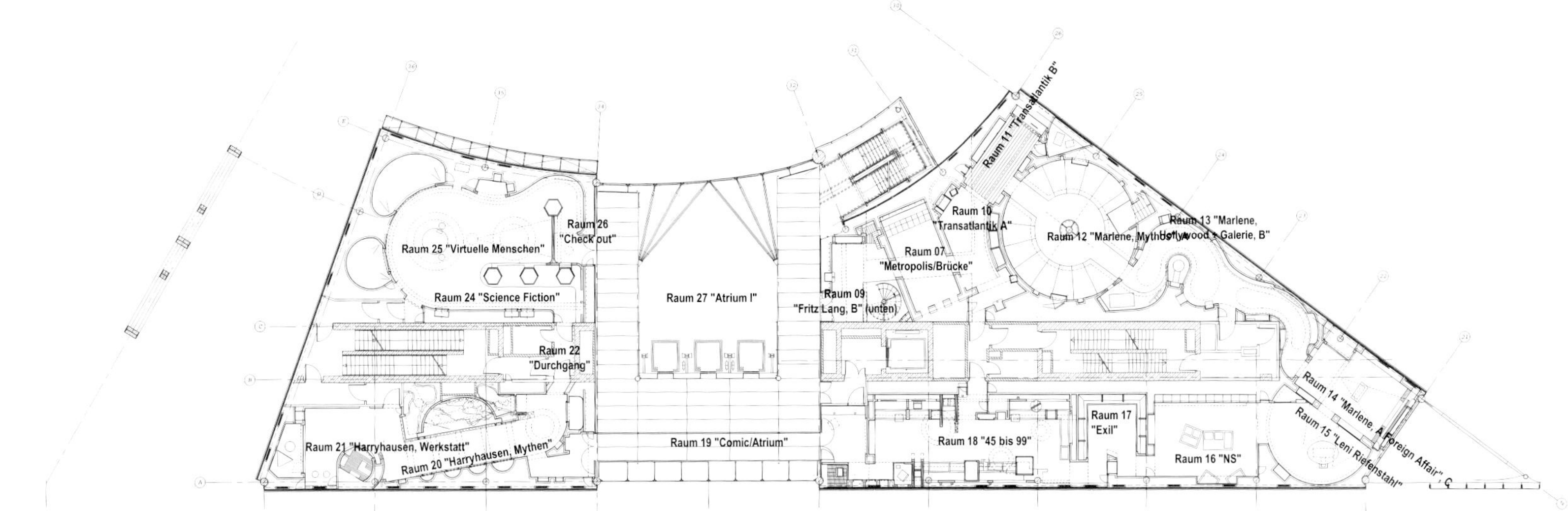

Sensations-Schlager
Untergang
der Titanic
Schlager
Schlager
KONZERT
Dornröschen

4. Blick in den Frühzeit-Raum des Films.
5. Die 1920er Jahre.
6. Die Maschinen-Maria aus *Metropolis* von Fritz Lang.

4. View into the early-period film room.
5. The 1920th.
6. The Machine Maria from *Metropolis* by Fritz Lang.

Marlene
Dietrich

7. Marlene Dietrichs Aufbruch ins amerikanische Exil.
8. Star-Photos aus ihrer Hollywood-Zeit.

7. Marlene Dietrich leaves for exile in America.
8. Star-photographs of her Hollywood period.

OLYMPIA
ERSTER
FILM
VON DEN
OLYMPISCHEN
SPIELEN
OLYMPIA
FEST DER VOELKER

S. 72/73
9. Marlene-Dietrich-Saal: rechts ihr männlicher, links ihr weiblicher Aspekt.

pp. 72/73
9. Marlene-Dietrich Gallery: to the right her masculine, to the left her feminine side.

10. Leni-Riefenstahl-Raum.
11. NS-Filme.

10. Leni Riefenstahl room.
11. Films from the NS era.

12–14. Deutsche Filme und Stars der Zeit von 1950 bis 1980 (Hildegard Knef, Romy Schneider und Heinz Rühmann).

12–14. German films and film stars of the time from 1950 to 1980 (Hildegard Knef, Romy Schneider and Heinz Rühmann).

15, 16. Internationale Science-fiction-Filme. Schluß-bereich des Museums.

15, 16. International science-fiction films. Final area in the museum.

Fernsehmuseum, Filmmuseum Berlin, Potsdamer Platz, Berlin, 2005/2006

Selbst das Fernsehen hat es bereits zu gewaltigen Geschichtsablagerungen gebracht. Alle Fernsehprogramme der Welt werden ins Global Museum übertragen. Jeder Besucher hat die Chance, über dieses Medium in den letzten Winkel der Welt vorzudringen. Mit Vernetzungen wird es auch möglich sein, sich in die diversen Mediatheken einzuwählen und damit historische Programme abzurufen.

Eigentlich sollte nach Fertigstellung des Filmmuseums gleich mit dem Aufbau eines Fernsehmuseums und einer Mediathek begonnen werden. Aber die wirtschaftliche Krise in Deutschland und die Skepsis der Fernsehanstalten (als Rechte-Inhaber) gegenüber der neuen Einrichtung verzögerten die Planungen um Jahre.

Inzwischen gibt es grünes Licht, und mit dem Bau kann begonnen werden. Dieser Teil des Sony-Gebäude-Komplexes, das »Filmhaus« (Potsdamer Straße 2, südlicher Bereich), wird ganz den Medien gewidmet sein: im Kellergeschoß das Kino »Arsenal« mit zwei Sälen, im Erdgeschoß eine Fachbuchhandlung für Film und Fernsehen, dazu das Café »Billy Wilder's«, darüber das Filmmmuseum mit seiner Dauerausstellung und wechselnden Themenausstellungen, noch weiter oben das Fernsehmuseum und die Mediathek, dann die Bibliothek (mit Schwerpunkt Film und Fernsehen), die Verwaltung und schließlich in den beiden Obergeschossen die Film- und Fernseh-Hochschule.

In der Mediathek sind alle wichtigen Filme und Fernsehsendungen für Studienzwecke gesammelt und einsehbar. (Jedenfalls sieht so das Ziel aus; gestartet wird mit 500 bis 1000 Programmen.) Ähnliche Einrichtungen gibt es in Paris, New York und Tokyo.

Das Ziel ist klar: Vor allem Film- und Fernsehstudenten, aber auch interessierten Laien soll ein Ort geboten werden, an dem sie Geschichte, Entwicklung und Probleme des Mediums studieren und diskutieren können. Vorträge und Seminarveranstaltungen vertiefen die Einzelthemen. Technische Neuerungen können hier in einem vorwiegend unkommerziellen Rahmen vorgestellt werden

Der Zeitpunkt ist günstig. Zu schnell ging die Entwicklung voran, man könnte fast sagen: sie explodierte. Vielleicht muß man jetzt einen Augenblick innehalten, zurückblicken und das Erreichte überdenken. Fast jede technische Neuerung ist janusköpfig, ein Gesicht strahlt über die heitere Kommunikations- und Bilderunterhaltungsflut, das andere blickt melancholisch und manchmal verzweifelt auf die unzähligen Morde, die täglich in Fernsehfilmen gezeigt werden, auf alberne Banalitäten, dämlichen Exhibitionismus, verlogene, zynische Werbung und auf die zunehmende Kommerzialisierung (Bilder-Umwelt-Verschmutzung).

Das Fernsehen als Technik ist keine Erfindung eines einzelnen Genies, sondern hat sich ganz langsam aus vielen kleinen Entdeckungen heraus entwickelt. Die Grundlagen wurden bereits im 19. Jahrhundert gelegt. Mitte der zwanziger Jahre des 20. Jahrhunderts hätte es von technischer Seite her losgehen können. Bekanntlich gab es schon während der Berliner Olympiade 1936 Fernseh-Bildübertragungen. Aber der Zweite Weltkrieg verzögerte die Weiterentwicklung. Hitler und andere totalitäre Machthaber dieser Zeit setzten ganz auf die Rundfunktechnik. Über die billig zu erwerbenden Volksempfänger konnte fast jeder Bürger Nazi-Deutschlands die Stimme des »Führers« hören.

1956 wurden im Nachkriegsdeutschland die ersten Fernsehsendungen ausgestrahlt. Zunächst gab es nur ein Programm – die ARD. 1963 kam ein zweites Programm – das ZDF – hinzu. Danach begann der Siegeszug dieses neuen Bild-Mediums. Die Geräte wurden erschwinglich und standen alsbald in vielen Wohnzimmern, erst verschämt als verschließbare Klappschränke, dann immer offener und frecher. Am Anfang hatte das Sehen noch den Kitzel des Besonderen und Sensationellen. Das neue Medium war wie geschaffen, der Gesellschaft ein »Wir-Gefühl« zu geben. Alle gehörten jetzt dazu, jeder war vor der »Glotze« gleich (nicht nur vor dem Gesetz und der Verkehrsampel). Mit dem Fernsehen vollendete sich die Idee Demokratie zur Perfektion. Niemand konnte sich mehr beklagen. Dabeisein war alles.

Zum ersten Mal in der Menschheitsgeschichte war es möglich, Millionen, jetzt sogar Milliarden von Menschen simultan mit den gleichen Bildern und Tönen zu erreichen. Jules Vernes Utopien waren Realität geworden.

Bis 1967 waren alle Fernsehbilder schwarzweiß. Erst danach kam Farbe ins Bild. Die frühen Sendungen gaben sich noch sehr brav, anständig, bieder und familienfreundlich. Gesichter, Kleider, Anzüge und Hintergründe blitzten und strahlten sonntäglich, als wären »Meister Proper« und »Clementine« Dauergäste im Studio. Auch wurde das Programm nur stundenweise ausgestrahlt. In der Restzeit konnte man ein Pausenbild (das Emblem des Senders) empfangen.

Jüngere Fernsehbenutzer – die MTV- oder VIVA-Generation – lachen sich bestimmt halbtot, wenn sie Bildfolgen aus dieser Zeit sehen. Fernes Mittelalter. Aufbruchstimmung. Man diskutierte über den Einfluß: gut oder schlecht, verdummend oder bildend, familienfördend oder familienzerstörend? Puschenkino? Prompt rutschte die Filmbranche in eine Krise. Die Zuschauerzahlen der Kinos brachen in den sechziger Jahren dramatisch ein. Viele Familienväter legten nach einem harten Arbeitstag lieber ihre Füße hoch, ließen sich ihr kühles Bier bringen und verfolgten vom Sessel aus die Geschehnisse der großen Welt. Seit der Einführung der Tagesschau – jeden Abend um 20 Uhr – war die Fox Tönende Wochenschau im Kino um die Ecke nicht mehr gefragt.

Bei den ersten großen Höhepunkten – vor allem den Live-Übertragungen der Mondlandung am 3. 2. 1966 – fieberte die ganze Welt vor den Bildschirmen und erkannte vielleicht zum ersten Mal, welches Potential im neuen Medium steckte: Jeder war wirklich gleich nah am Ereignis, jeder sah die gleichen faszinierenden Bilder.

Diese Euphorie gehört heute längst der Vergangenheit an. Inzwischen gibt es Kabel- und Digitalfernsehen; wer will, kann rund um die Uhr zwischen 30 und 100 Kanälen hin- und herzappen und kommt sich vor wie in einer riesigen virtuellen Mega-Metropole, genauso einsam und verloren. Am Anfang sprach man noch vom »globalen Dorf«, die Fernsehbenutzer hatten etwas von Pionieren, saßen in ihren gedanklichen Holzhütten vor dem Lagerfeuer und lauschten den guten, ferngesteuerten Flammengeistern – der Fernsehansagerin – , die adrett und liebevoll die Sendungen ankündigte.

Heute knallt, ächzt, seufzt, blubbert, schießt es aus allen Kanälen gleichförmig, Werbung ist von Nachrichtensendungen kaum zu unterscheiden. Durch die Einführung der privaten, kommerziellen Sender hat der Zuschauer permanent das Gefühl, er solle zum Kaufen verführt werden. Die Dinge leuchten: Strümpfe, Schmuckstücke, Häuser, Aktien, Männer, Frauen, Sex, Schönheit, gute Laune, Lebensrettung, Heilung. Wer schaut, gehört dazu. Wer kauft, kann der Glückseligkeit ein Stück näher kommen!

Die Einschaltquote ist der neue Gott. Ihm wird gehuldigt auf Teufel komm' raus. Schlagwörter wie »Infotainment, Spaßgesellschaft, Unterhaltungs-Slalom« machen die Runde. »Wir amüsieren uns zu Tode«, konstatierte Neil Postman bereits in den achtziger Jahren des letzten Jahrtausends. Die Macher biedern sich immer mehr dem trivialen Massengeschmack an und senken dabei das geistige Niveau von Tag zu Tag. Ein Dogma dieses Berufsstands lautet: »Im Seichten kann man nicht ertrinken!« (Helmut Thoma.) Der Zynismus hat sich zur zentralen Weltanschauung entwickelt. Dafür stehen fast alle Comedy-Sendungen, »Verstehen Sie Spaß?« oder Harald Schmidt. Die Schadenfreude und die Demontage bekannter Menschen – der Stars – bereitet Millionen Freude. Damit kann man von der eigenen unglücklichen Frustration ablenken. Das klare, holzschnitthafte Denken der Sportwelt – es gibt nur einen Sieger und Hunderte von Verlierern – kommt der Sehnsucht nach Verständlichkeit am nächsten. Hier muß nichts erklärt werden, das kapiert auch der Dümmste.

Der »Circus maximus« unserer Tage ist der Bildschirm, der gerade bei Sportveranstaltungen seine höchsten Einschaltquoten erreicht: bei Olympischen Spielen, Weltmeisterschaften aller Art, insbesondere Fußball, außerdem Formel I als moderne Variante des »Wagenrennens« und immer mehr Boxen als heutige Form der »Gladiatorenkämpfe« (Dieter Stolte).

In unserem Fernsehmuseum wollen wir nicht kritisieren. Unsere Aufgabe ist es, das Medium in seiner Geschichte, mit seinen Eigenarten und Möglichkeiten darzustellen. Wie immer geht es um die Vergegenwärtigung des Ganzen. Das Fernsehen hat per se die Tendenz, ganz aktuell, alltäglich und damit ahistorisch zu sein. Niemand käme auf die Idee, alte Tagesschauen oder Wettervorhersagen zu senden oder anzuschauen. Hier gilt das gleiche wie für Tageszeitungen: Gibt es etwas Wertloseres als die Zeitung von gestern?

Die Technik wird im neuen Museum keine Rolle spielen. Dafür kann man das Technikmuseum besuchen. Hier – im Sony-Gebäude – stehen die Programme, ihre Vielfalt und Analyse im Mittelpunkt. Natürlich auch die Höhepunkte der letzten 50 Jahre – im Positiven wie im Negativen, im Kleinen wie im Großen, im Niedrigen wie im Hohen, im Sensationellen wie im Banalen.

Fernsehmuseum, Filmmuseum Berlin, Potsdamer Platz, Berlin, 2005/2006

Even television has already put down massive historical deposits. All the television programmes in the world will be transmitted to the Global Museum. Every visitor has a chance to penetrate the utmost corners of the earth with his medium. Link-ups will also make it possible to dial into the various media centres and thus call up historical programmes.

Actually the intention was to start setting up a television museum and a media centre immediately after completion of the film museum. But the German economic crisis and the scepticism of the television companies (as copyright holders) about the new institution delayed the planning for years.

Now the green light has been given and building can start. This part of the Sony Building complex, the »Filmhaus« (2 Potsdamer Straße, south section) will be devoted entirely to the media: in the basement is the »Arsenal« cinema with two screens, on the ground floor a specialist film and television bookshop and the café »Billy Wilder's«, above this is the film museum with its permanent exhibition and temporary exhibitions on various themes, even further up is the television museum and the media centre, then the library (specializing in film and television), the offices and finally on the top two floors the film and television college.

All important films and television broadcasts are collected in the media centre and can be viewed there. (At least that is the aim; a start has been made with 500 to 1000 programmes.) There are similar facilities in Paris, New York and Tokyo.

The aim is clear: film and television students in particular, but also interested laymen, are to be offered a place where they can study the medium's history and development and the problems it faces. Lectures and seminars are arranged to study individual themes more deeply.

Technical innovations can be presented here in a predominantly uncommercial context.

It is a good time to do it. Things developed too fast, you could almost say they exploded. Perhaps this is the moment at which to pause, look back, and think over what has been achieved. Almost every technical innovation has two faces, one face beams at the cheerful flood of communication and pictorial entertainment, the other looks in melancholy and sometimes despair at the countless murders shown daily in television films, stupid banalities, silly exhibitionism, mendacious, cynical advertising and increasing commercialization (pictorial environmental pollution).

Television as a technology is not an invention by a single genius, but has developed very slowly from many small discoveries. The fundamentals were in place even in the 19th century. It would have been possible to make a start in technical terms in the mid 1920s. It is well known that television programmes were transmitted as early as the Berlin Olympics in 1936. But the Second World War held up further developments. Hitler and other totalitarian rulers of the period were totally committed to radio technology. Almost every citizen of Nazi Germany could hear the »Führer's« voice on the cheaply acquired »people's receivers«.

The first television broadcasts in post-war Germany were transmitted in 1956. At first there was only one channel – ARD. Then a second channel – ZDF – was added in 1963. After that this new pictorial medium started to carry all before it. The sets were affordable and soon stood in many living rooms, first as a source of shame, in cupboards with closing doors, then more and more openly and boldly. At first, viewing had the buzz of something special and sensational. The new medium seemed ideal for giving society a »feeling of togetherness«. Everyone was part of it, everyone was equal before the »box« (and not just before the law and the traffic light). The idea of democracy reached perfection with television. No one could complain any more. Being there was everything.

For the first time in the history of mankind it was possible to reach millions, now indeed billions of people at the same time with the same sound and images. Jules Verne's Utopias had become reality.

All television pictures were black and white until 1967. It was not until then that colour came into the picture. The early broadcasts were all very well-behaved, decent, worthy and family-friendly. Faces, clothes, suits and backgrounds flashed and gleamed in their Sunday best, as though »Mr and Mrs Clean« were permanent studio guests. And the channel only broadcast for a certain number of hours. For the rest of the time you could receive a test card (carrying the station emblem).

Younger television users – the MTV or VIVA generation – would certainly laugh until they cried if they saw images from this period. The darkest Middle Ages. A sense of a fresh start. Arguments raged about the influence of television: good or bad, stultifying or edifying, promoting or destroying the family? Cinema in slippers? The film industry promptly slipped into a state of crisis. Cinema attendance figures collapsed dramatically in the sixties. Lots of family men preferred to put their feet up after a hard day's work, had a cold beer brought and followed events in the big wide world from their armchairs. Once the television news bulletin had been introduced – every evening at six o'clock – there was no more demand for the Fox newsreel in the cinema round the corner.

When the first great high spots came along – above all the live broadcasts of the moon landing on 3.2.1966 – the whole world sat feverishly in front of their television screens and recognized perhaps for the first time what potential the new medium had in it: everyone really was just as close to the event, and everyone could see the same fascinating images.

This euphoria has long been a thing of the past. We now have digital and cable television; if you like you can zap to and fro between 30 and 100 channels and feel as though you are in a gigantic mega-metropolis, and just as lonely and lost. At first people still talked about the »global village«, and television users had something of the pioneer about them, sat in their mental wooden huts at the campfire and listed to the good, remote-controlled spirits of the flames – the female announcer – who introduced the broadcasts so adroitly and amiably.

Today we have uniform bangs, moans, sighs, blubbering and shooting from all the channels, and it is scarcely possible to distinguish the advertisements from the news bulletins. The introduction of private, commercial stations means that viewers feel all the time that they should allow themselves to be tempted into buying something. The items glow: stockings, jewellery, houses, shares, men, women, sex, beauty, good humour, lifesaving, healing. Anyone watching is part of it. Anyone who buys can be a little nearer to happiness!

Viewing figures are the new god, worshipped like crazy. Buzzwords like »infotainment, fun society, entertainment slalom« go the rounds. »We are amusing ourselves to death,« said Neil Postman, as early as the 1980s. The powers-that-be increasingly pander to trivial mass tastes, thus reducing the intellectual level from day to day. One of this profession's dogma says: »You cannot drown in the shallows!« (Helmut Thoma.) Cynicism has developed into a central world view. All German comedy shows suggest this, from »Verstehen Sie Spaß?« (Can You Take a Joke?) to Harald Schmidt. Millions of people revel in the misfortune of others and in seeing well-known people – the stars – being taken apart. It acts as a diversion from their own frustration and unhappiness. The clear, woodcut-like thinking of the world of sport – there is only one winner, and hundreds of losers – comes closest to meeting a longing for comprehensibility. Nothing needs to be explained here, even the most stupid people can get it.

The television screen is the »circus maximus« of our day, achieving its very best viewing figures for sporting fixtures: for the Olympic Games, world championships of any kind, especially the football World Cup, also Formula I as a modern variation on »chariot racing« and increasingly boxing as today's »gladiatorial combat« (Dieter Stolte).

We do not intend to criticize anything in our television museum. Our job is to present the history of the medium, its unique qualities and possibilities. As always, we want to make the medium visually present in toto. Television tends intrinsically to be absolutely topical, everyday and as such ahistorical. No one would think of broadcasting or watching old news bulletins or weather forecasts. Here the same applies as for daily papers: is there anything more worthless than yesterday's newspaper?

Technology will have no part to play in our new museum. You can go to a technology museum for that. Here in the Sony Building we are concentrating on the programmes, their variety and analysis. And of course the highlights of recent years, both positive and negative, small and large, low and high, sensational and banal effects.

1. Eingangsbereich des Museums.
2, 3. Grundrisse (1. und 2. Geschoß). Legende:
1 Eingang, 2 Hauptausstellungsraum, 3 Fernsehgeschichte, 4 Mediathek, 5 Wechselausstellungen,
6 Veranstaltungssaal.

1. Entrance area of the museum.
2, 3. Plans (1st and 2nd floors). Key: 1 entrance,
2 main exhibition area, 3 history of television,
4 media resource centre, 5 temporary exhibitions,
6 hall of events.

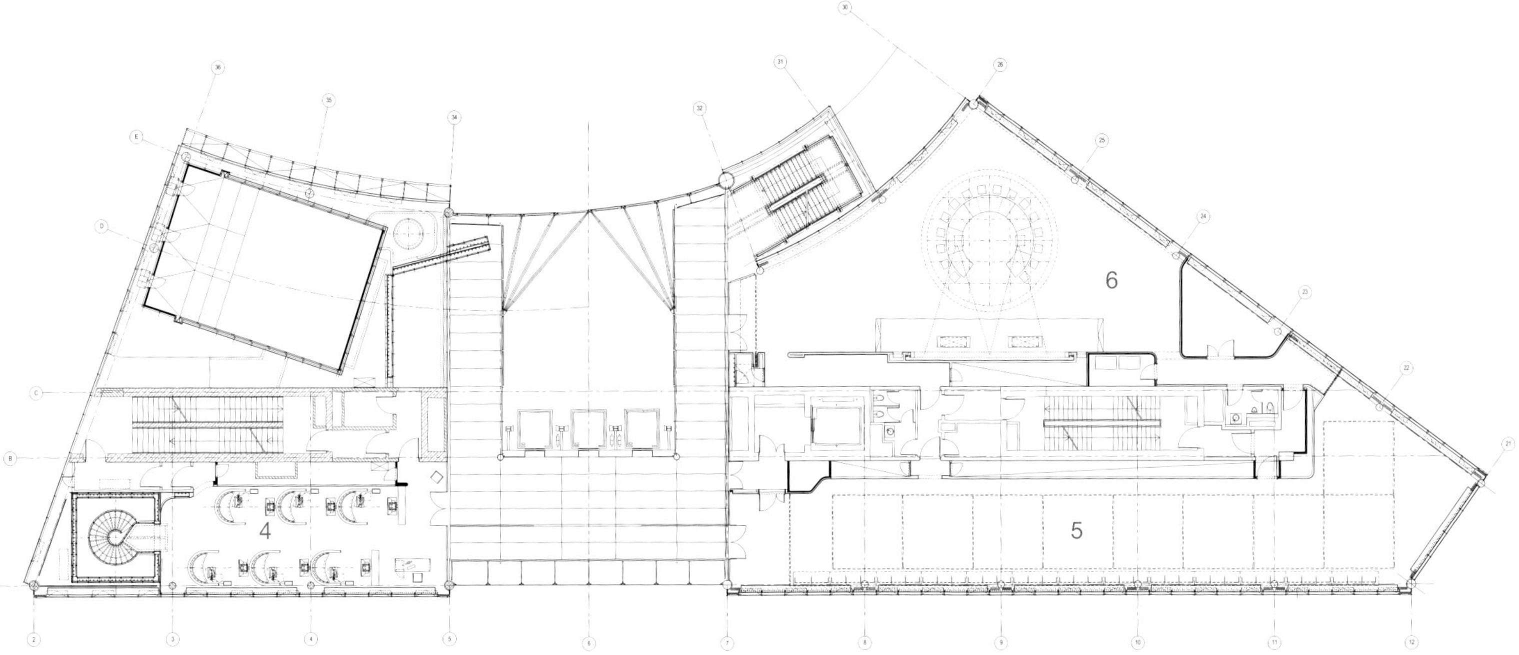

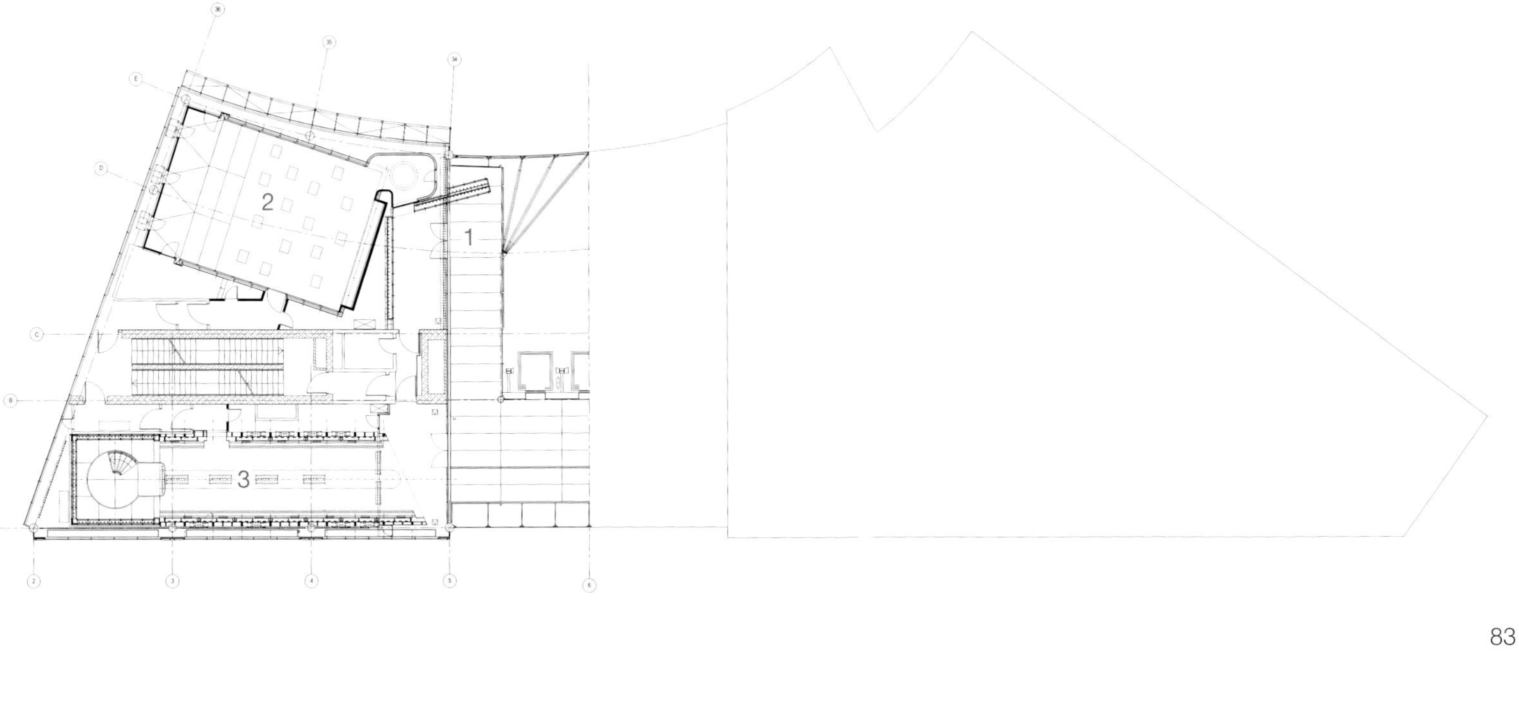

4, 5. Hauptausstellungsraum.

4, 5. Main exhibition room.

6. Fernsehgeschichte wird erzählt.

6. The history of television is told.

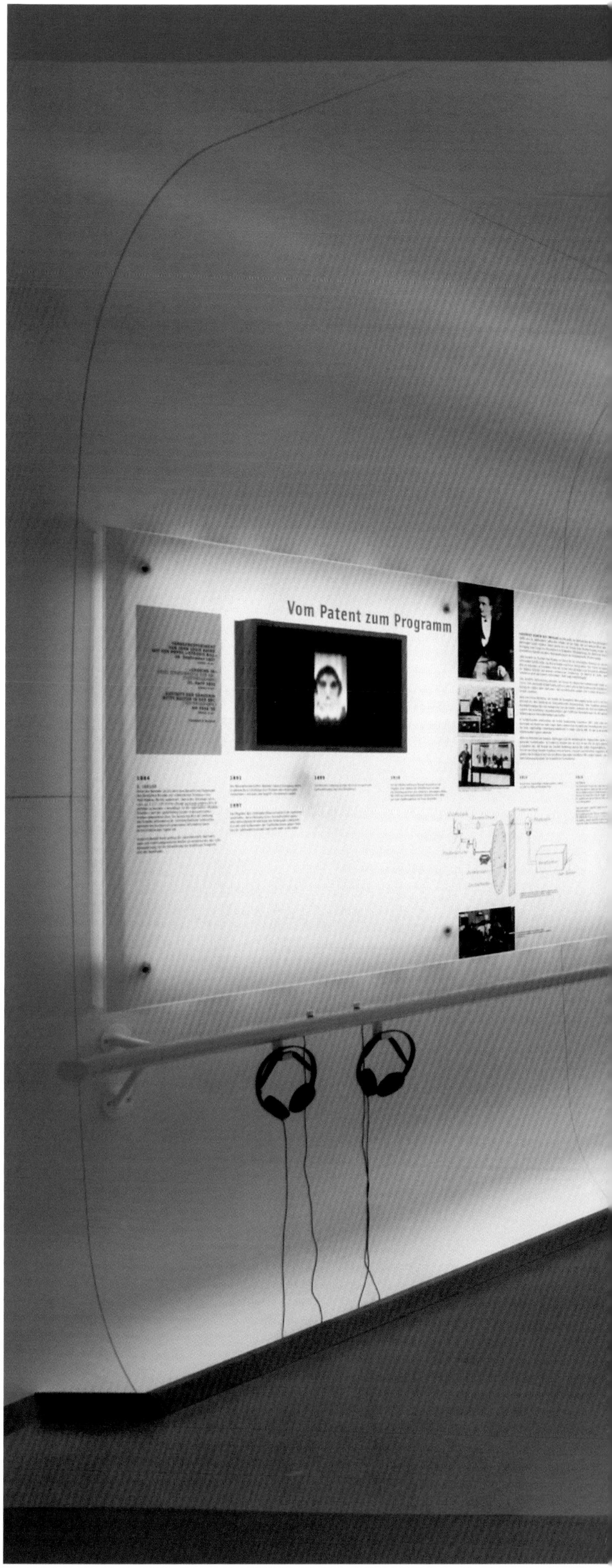

7, 8. Treppe zur Mediathek.

7, 8. Stairs leading to the media resource centre.

9. Mediathek. Alle wichtigen Fernsehprogramme können hier aufgerufen und angesehen werden.
10. Raum für Wechselausstellungen, Veranstaltungssaal.

9. Media resource centre. All major television programmes can be called up and viewed here.
10. Temporary exhibitions, events room.

»Fernsehen macht glücklich«, Berlin, 2003

Wie bereits erwähnt, nutzten die Kuratoren der neuen Mediathek und des Fernsehmuseums die Wartezeit, um in mehreren Ausstellungen das Thema vorzubereiten. Zwei der insgesamt vier Ausstellungen wurden von mir gestaltet.

»Der Wurm muß dem Fisch schmecken, nicht dem Angler«. Diese leicht zynische Feststellung stammt von dem schon einmal erwähnten Helmut Thoma, einstigem RTL-Chef. Der »Fisch« ist natürlich der Fernsehzuschauer und der »Angler« der Fernseh- und Programmacher. Gut ist, was ankommt. In unserer Ausstellung wurde mit leichter Ironie untersucht, ob das Fernsehen als Glücksmaschine betrachtet werden kann.

Bekanntlich ist der Hauptfeind eines »normalen« Menschen die Langeweile. Diesen Feind gilt es durch Unterhaltung zu bekämpfen. Dazu braucht man etwas Spannung, möglichst wenig Tiefgang, irgendwie Bekanntes, einen Schuß Neues und viel Spiel. Wie das ideale Rezept aussieht, darüber streiten sich die Fachgelehrten. Niemand kennt eine wirklich schlüssige Formel. Die Unterhaltung der Fürsten bestand einstmals in Jagd, Essen, Trinken, Musik, Theater, Oper, Tanz, Glücksspiel und Frauen (oder Männern). Das einfache Volk liebte schon immer Essen und Trinken, Sex und das derbe Spiel (Volksbelustigung in jeder Form). Jetzt also wird alles neu aufgemischt und über Bildschirme in die Wohnzimmer gesendet. Im Kern sind die Interessen vermutlich gleich geblieben.

Deutschlands erfolgreichste Fernsehsendung ist »Wetten daß ...« Sie erzielt in der Regel bis zu 15 Millionen Zuschauer, was gemessen an 82 Millionen Deutschen und 34 Millionen Fernsehhaushalten eine stattliche Zahl ist. Quiz-Shows aller Art erfreuten sich von Anfang an größter Beliebtheit. Dabei kann sich die ganze Familie – mit Kindern und Großeltern – beteiligen. Alle fiebern und wetten mit bei »Wer wird Millionär?« oder »Deutschland sucht den Superstar«. Thomas Gottschalk und Günther Jauch sind neben Beckenbauer, Becker und Schumacher die bekanntesten Deutschen, auch im Ausland.

Die Ausstellung »Fernsehen macht glücklich« wollte nichts beweisen, sondern nur einen Aspekt des Mediums aufgreifen und vergnüglich zur Diskussion stellen.

In vielen Familien begleitet das Fernsehprogramm den späten Nachmittag und den ganzen Abend. Man freut sich darauf, empfindet das entspannte Zuschauen als Belohnung für den erduldeten Alltagsstreß und nimmt dabei teil an fremden Leben, zum Beispiel bei Soaps: »Lindenstraße« oder »Gute Zeiten, schlechte Zeiten«. Inzwischen gibt es viele jüngere Zeitgenossen, die mit den Soap-Schauspielern und -Schauspielerinnen aufgewachsen sind, sie als weitere Familienmitglieder oder nahe Verwandte betrachten.

Es ist schon eigenartig: Seitdem es immer weniger intakte Familien in Deutschland gibt, nehmen die Fernsehfamilien in den Soaps zu. Wenigstens hier soll es die Illusion noch geben! Das gehört zur Glücksmaschine! Alles wird gut, irgendwann!?

Ein Leben ohne Fernseher würde viele Familien und Singles zurück in die stumme Einsamkeit der Steinzeit werfen. Der schmerzhafte Entzug schlüge sich in Depressionen und unerträglichen Langeweileanfällen nieder. Plötzlich wären das Zimmer und die Wohnung nicht mehr zur ganzen Welt geöffnet, keine Empfangsstation mehr für Nachrichten und fremdes Leben.

Heute hat jeder Fernsehbesitzer die Möglichkeit, sich spät in der Nacht mit bekannten Zeitgenossen – Künstlern, Musikern, Popstars, Nobelpreisträgern, Physikern, Sportlern oder Überlebenden einer Katastrophe – bei den beliebten Talkshows an einen Tisch zu setzen, Auge in Auge gewissermaßen. Wir erfahren, daß auch diese Leute Probleme haben. Jetzt erst kann sich jeder gequälte Erdenbürger beruhigt ins Bett legen und Kräfte sammeln für den nächsten Kampftag.

»Television makes you happy«, Berlin, 2003

As I have already mentioned, the curators of the new media centre and the television museum are using the waiting period to try out the subject matter in a number of exhibitions. I designed two of the total of four exhibitions.

»It's the fish that has to like the worm, not the angler«. The slightly cynical statement comes from Helmut Thoma, once the RTL boss, who has already been mentioned. Of course the »fish« is the television viewer and the »angler« is the television executive and the programme-maker. Programmes are good if they go down well. Our exhibition took a slightly ironic look at whether television can be seen as a happiness machine.

It is well known that boredom is the arch enemy of the »normal« person. This enemy has to be fought with entertainment. For this you need a bit of excitement, not too much depth, a shot of the new and a lot of play. Experts quarrel about what the ideal recipe looks like. No one has come up with a really conclusive formula. Princes' entertainment used to consist of hunting, eating, drink-ing, music, theatre, opera, dance, gambling and women (or men). The ordinary people always liked eating and drinking, sex and rough play (popular amusements in any form). Now everything is being remixed and broadcast onto screen in our living rooms. The interests have presumably remained essentially the same.

Germany's most successful television show is »Wetten daß ...« (Bet you that ...). As a rule it has up to 15 million viewers, which is a considerable figure given 82 million Germans and 34 million viewing households. Quiz shows of all kinds have been most popular from the outset. The whole family – including children and grandparents – can take part. Everyone gets worked up and bets on »Wer wird Millionär« (Who's going to be a millionaire?) or »Deutschland sucht den Superstar« (Germany's looking for a superstar). Thomas Gottschalk and Günther Jauch are the best-known Germans, even abroad, alongside Beckenbauer, Becker and Schumacher.

The »Fernsehen macht glücklich« exhibition had nothing to prove, it simply wanted to take up one aspect of the medium and discuss it pleasurably.

Many families watch television in the late afternoon and throughout the evening. They look forward to it, see relaxed viewing as a reward for the everyday stress they have put up with and at the same time involve themselves in other people's lives, in soaps, for example: »Lindenstrasse« or »Gute Zeiten, schlechte Zeiten«. Now there are a lot of young contemporaries who have grown up with the soap actors, and see them as members of the family or close relatives.

It is already strange: now there are fewer and fewer intact families in Germany, there are more television families in the soaps. At least the illusion should persist here! That's all part of the happiness machine! Everything'll be all right, some time!?

A life without television would cast a lot of families or singles back into the silent loneliness of the stone age. The painful withdrawel would lead to depression and attacks of intolerable boredom. Suddenly the room and the home would no longer be open to the whole world, no longer able to receive news and other people's lives.

Today everyone with a television set can share a table on the popular chat shows until late at night with famous contemporaries – artists, musicians, pop stars, Nobel prizewinners, physicist, sportsmen or disaster survivors, eyeball to eyeball, as it were. We find out that these people have their problems too. It is only then that each tormented citizen of the world can go to bed relieved and gather strength for the coming day and its struggles.

1, 2. Blick in den temporären Ausstellungsraum. Hier wurde später das Fernsehmuseum – der Hauptausstellungssaal – eingebaut.

1, 2. View of the temporary exhibition gallery. The television museum – the main exhibition gallery – was set up here later.

Game
Aufstehen

Soap
Kochen
Hits

Landschaft heute: zwischen Müllhalde und Paradies

Alle bisher beschriebenen Räume, Vorgänge und Sachverhalte umkreisten das Thema »Archäologie des Bewußtseins«. Sie hatten unmittelbar mit dem Menschen, seiner Evolution, seiner Psychologie und seinen Hervorbringungen zu tun. Der alles umfassende Ort ist die Erdoberfläche, die Erde, das Universum. Jeder Blick zum nächtlichen Himmel, hinaus ins All, ist der Blick in ein Milliarden Jahre altes Museum, zu dem auch die Erde gehört. Der Museumsdefinition widersprächen nur das immer neu entstehende Leben der Pflanzen-, Tier- und Menschenpopulationen, die Transformationen und Metamorphosen der organischen Natur. Allem anorganisch Toten haftet ein Museumsgeruch an.

Nirgendwo werden Zeit und Geschichte so deutlich und klar ausgestellt wie im Gebirge. Der Begriff »Geschichte« ist wahrscheinlich geologischer Natur: Geschichtete Ablagerungen und Verwerfungen entsprechen den menschlichen Taten und Entwicklungen, den Geburts- und Sterbedaten, den Kriegen, Schlachten, Revolutionen, den Entdeckungen und Siegen, der Abfolge der Generationen. Nur bei »Stammbäumen« greift die etymologische Bedeutung ins Pflanzenreich und nimmt sich den Baum zum Vorbild, wahrscheinlich mit dem Hintergedanken, daß die Verästelungen immer weiter getrieben werden können.

Die Alpen in Europa, der Grand Canyon, die Felsen der Nationalparks Yosemite und Brice in Nordamerika sind gewaltige geologische Naturmuseen! Darüber wurden keine gläserne Vitrinenhauben gestülpt, nur der Himmel überwölbt sie in luftiger Höhe.

Selbst lebendige Materie kann so alt werden, daß wir erschauern und ihr Museumscharakter zubilligen: In den Muir Woods nördlich von San Francisco stehen über 100 Meter hohe Redwoods, die annähernd 1000 Jahre alt sind. Wer diesen Wald durchwandert, fühlt sich wie in einer gewaltigen Naturkathedrale, einem Naturmuseum! Am Eingang des Waldes kann der Besucher die Baumscheibe eines gefällten Redwood-Stammes bewundern und die Jahresringe zählen. Die Parkverwaltung hat wichtige Daten darauf vermerkt: Unabhängigkeitserklärung Amerikas, Entdeckung Amerikas durch Columbus und anderes mehr.

Was unterscheidet unsere heutigen Blicke in die Landschaft von den Blicken früherer Generationen? Niemals vor uns hatten Menschen soviel Raum in ihren Köpfen und Gehirnen gesammelt und gespeichert, niemals so viele Bilder, Informationen, Meinungen und Sehnsüchte. Wir kennen Photos der Erde aus dem Weltall – sehen die Erde als wunderbar blaue Kugel (Buckminster Fuller bezeichnete sie als »Raumschiff«) in der Schwärze des Universums schweben –, wir sind über Länder, Städte, Meere und Landschaften geflogen, haben von oben Eisberge und Wüsten gesehen, öde Krater und traumhafte Südseeinseln. Unser Bild von der Erde und der Landschaft ist umfassender als das früherer Generationen. Unser Raumbegriff ist fast explodiert, möglicherweise an gewisse Grenzen gestoßen. Der Blick von oben, das schräge Abheben von der Piste, das Steigen und schließlich das Fliegen über den Wolken hat unsere Perspektiven verschoben. Wer kam nicht schon ins Träumen beim Schweben über dieser weichen, weiten Eiskristall-Wolkenlandschaft , in der tagsüber immer die Sonne scheint? Und dann der Sinkflug, das Kreisen über einer der Weltstädte, die von hier oben alle aussehen wie Spielzeug-Welten, flach, harmlos und ungefährlich.

Manchmal glauben wir beim Fliegen, Einstein zu verstehen, der Physik und Weltanschauungen revolutioniert hat wie kein anderer Mensch vor ihm: »Der Anfang vom Ende des Behälterdenkens: Raum ist nicht im Menschen, Menschen sind nicht im Raum, weder Raum noch Körper sind Behälter. Der Raum hat in der Feldtheorie (Einsteins) seine physikalisch gültige Fassung gefunden.« (Tom Fecht und Dietmar Kamper, *Umzug ins Offene*.)

Aber das sind nur kurze, trügerische Momente, dann sagen wir uns wieder: Der objektive, physikalische, von Zeit und Schwerkraft verzerrte, relative Raum bleibt uns fremd und unverständlich. Für den einzelnen hat sich in seiner subjektiven, auf das Ich zentrierten Weltsicht nicht viel geändert. Die Welt ist das, was ich von ihr sehe. Jeder trägt seine eigene Welterfahrung und Weltsicht mit sich herum, erstellt private Land- und Weltkarten, die aus Erfahrenem, Gelesenem und Gesehenem zusammengesetzt sind. Inzwischen hat sich dafür der Begriff »mental mapping« eingebürgert. Aber was sehe ich?

Ich sehe meine Heimatstadt, die Landschaft, in der ich aufgewachsen bin, die Großstädte der Umgebung, die Universitätsstadt, die Stadt, in der ich meine Familie gründete. Andere Zonen ergänzen das Bild: Altstädte, Hochhaussiedlungen, Industriegebiete, Wälder-Patchwork, Landstraßen, Autobahnen, Hügel, Berge, Parkplätze, Dörfer, Bäume, Alleen, Fußgängerzonen, Bahnlinien, Kirchen, Postämter, Flughäfen mit Lande- und Startpisten, Opernhäuser, Schaufenster, Supermärkte, Tankstellen, Lampenausstellungen, Gasthäuser, Kinos,Theater, Rathäuser, Museen, Felstäler, Zoos, Hotels, Raststätten, Marktplätze, Burgen, Schlösser, Taxistände, Flüsse und Seen, Stadtparks, Müllplätze, Haltestellen, Busbahnhöfe, Schulen, Universitäten, Bibliotheken, Versicherungen, Einkaufszentren, Bäckereien, Pornoläden, Kebab-Buden, Kioske, Bahnhöfe, Gefängnisse, Krankenhäuser, Friedhöfe – das alles pausenlos, ohne Lücke, in vollkommener Gleichförmigkeit.

Mancher hat seine Lieblingsstellen, seine Wanderwege, die er immer wieder aufsucht – Orte, an die er schöne, romantische Erinnerungen hat, oder Orte, an denen furchtbare Unfälle passiert sind. Private Museumslandschaften, private Erinnerungsstätten. Wir brauchen Zeichen und markante Bauten, um uns zurechtzufinden. Die Türme der alten Städte erhalten neben Fernsehtürmen, Industrieschornsteinen und Mobilfunkmasten neue Bedeutung. Nur das Charakteristische, Unverwechselbare, Einmalige prägt sich ein. Die absolut leere Orientierungslosigkeit in der Wüste macht verrückt, läßt uns letztlich verzweifelt im Kreis gehen. Seefahrer orientierten sich auf hoher See an den Sternen. Der nächtliche Sternenhimmel als Landkarte, Sterne als Verkehrszeichen!

Schönheit und Häßlichkeit sind Begriffe, die sich heute in diesem Zusammenhang nicht mehr anwenden lassen. Auch ein krummer, öder Antennenturm kann uns den Weg weisen, auch ein gewaltiger Parkplatz kann uns zum rettenden Hafen und zum liebgewordenen Orientierungspunkt werden. Heute treffen sich die Liebespaare nicht mehr unter der Dorflinde, am Brunnen vor

1. Nächtlicher Blick auf die Ramblas in Barcelona.

1. Night view of the Ramblas in Barcelona.

Landscape today: between slag heaps and paradise

All the rooms, events and facts described so far have circled around the theme of the »archaeology of consciousness«. They have been directly involved with mankind, its evolution, its psychology and what it has produced. The place that contains all this is the surface of the earth, the globe, the universe. Every glance at the night sky, out into the universe, is a look into a museum that is billions of years old, to which the earth belongs. Only the constantly self-renewing life of plants, animals and human beings, the transformations and metamorphoses of organic nature would contradict the museum definition. There is a whiff of the museum about everything that is inorganic and dead.

Nowhere are time and history displayed as distinctly and clearly as in the mountains. The concept of history – the German word for history is »Geschichte«, implying a set of strata – may well be geological by nature: layers of deposits and faults correspond with human deeds and developments, dates of birth and death, wars, battles, revolutions, discoveries and victories, generation following generation. It is only the case of »family trees« that the etymological meaning enters the plant world and takes the tree as its model, probably with the idea in mind that the ramifications can be taken further and further.

The Alps in Europe, the Grand Canyon and the cliffs in the Yosemite and Brice national parks in North America are massive natural geological museums! No glass showcases have been popped on top of them, they are spanned only by the airy heights of the sky.

Even living matter can become so old that we shudder and allow that it belongs in a museum: in the Muir Woods north of San Francisco are redwoods over 100 metres high that are over 1000 years old. Anyone wandering through these woods feels as though in a massive natural cathedral, a natural history museum! At the entrance to the forest visitors can admire a disk from a felled redwood trunk and count the annual rings. The park administration has marked important dates on it: the American Declaration of Independence, Columbus's discovery of America and others.

What makes the way we look at the landscape today different from the way earlier generations looked? Never before us did people have so much space collected and stored in their heads and minds, so many images, pieces of information, opinions and longings. We have seen photographs of the earth from space – we see the earth as a wonderful blue sphere (Buckminster Fuller called it »Spaceship Earth«), floating in the blackness of the universe – we have flown over countries, cities, oceans and landscapes, have seen icebergs and deserts from above, desolate craters and dreamlike South Sea Islands. Our image of the earth and the landscape is more comprehensive than that of earlier generations. Our sense of space has almost exploded, and possibly has come up against certain limits. The view from above, the diagonal rise from the runway, the climb and then flying above the clouds has shifted our perspectives. Who would not start dreaming when floating over this soft, spreading landscape of clouds and ice crystals, above which the sun shines all day long? And then the descent, circling over one of the world's greatest cities, all looking like toy worlds from up here, flat, harmless and unthreatening.

Sometimes when we are flying we think we can understand Einstein, who revolutionized physics and world views more than anyone before him: »The beginning of the end of container thinking: space is not in man, men are not in space, neither space nor body are containers. Space has found its physically valid form in (Einstein's) field theory.« (Tom Fecht and Dietmar Kamper, *Umzug ins Offene*.)

But these are just brief, deceptive moments, then we tell ourselves again: objective, physical space, distorted and relativized by time and gravity, remains alien and incomprehensible to us. For the individual not much has changed in his subjective, egocentric view of the world. The world is what I see of it. We all carry our own experience of the world and world view around with us, making private maps of the country and the world, compiled from what we have experienced, read and seen. The phrase »mental mapping« has now caught on to describe this. But what do I see?

I see my home town, the landscape I grew up in, the other towns round about, the university city, the town where I started my family. Other zones complete the picture: old towns, high-rise estates, industrial areas, woodland patchwork, main roads, motorways, hills, mountains, car parks, villages, trees, avenues, pedestrian precincts, railway lines, churches, post offices, airports with runways for landing and taking off, opera houses, shop windows, supermarkets, petrol stations, lighting exhibitions, pubs and restaurants, cinemas, theatres, town halls, museums, valleys, zoos, hotels, motorway services, market places, castles, palaces, taxi ranks, rivers and lakes, municipal parks, dumps, bus stops, bus stations, schools, universities, libraries, insurance companies, shopping centres, bakeries, porn shops, kebab stands, kiosks, stations, prisons, hospitals, cemeteries – all this without a pause, seamless, totally uniform.

A lot of people have favourite places, paths to walk along, that they keep returning to – places where there are romantic memories for them, or terrible accidents have happened. Private museum landscapes, private places of memory. We need signs and striking buildings, to find our bearings. The towers in old towns, along with television towers, factory chimneys and mobile phone masts are acquiring a new significance. Only things that are typical, unmistakable, unique, make an impact. The absolutely empty lack of any sense of direction in the desert drives us mad, ultimately makes us go round in desperate circles. Mariners navigate by the stars on the high seas. The night sky and the stars as a map, stars as road signs!

Beauty and ugliness are terms that I no longer use in this context. A crooked tower or an aerial mast can show us the way too, and a massive car park can be a rescuing harbour and a welcome, familiar landmark. Couples today no longer meet under the village lime tree, at the well by the gate, by the cross at the top of the mountain, the station clock has had its day as well, they arrange to meet at the petrol station, in McDonald's, in the supermarket, at the bus stop, at the swimming

dem Tore, am Gipfelkreuz, auch die Bahnhofsuhr hat ausgedient, man verabredet sich an der Tankstelle, bei McDonald's, im Supermarkt, an der Haltestelle, im Schwimmbad, im Fitneßklub, in der Disco, oder, noch aktueller, man geht mit seinem Handy los und sagt (verbal oder per SMS), wo man sich momentan gerade befindet. Die Planungsphase schrumpft zu Minuten.

Der Stadtbewohner von heute langweilt sich in der Natur. (Diese Eigenschaft hatten bereits die Großstädter der zwanziger Jahre, zum Beispiel Tucholsky und Benn.) Ihnen ist die künstliche Natur der Kaufhäuser, Einkaufszentren, Malls zur angemessenen Landschaft geworden. Hier in den neonbeleuchteten Innenräumen fühlen sie sich wohl, hier können sie ihre Neugier und Seh-Sucht ausleben. Überall glitzern neue Dinge, Waren, für den Gebrauch verführerisch dekoriert. Erst wenn der Stadt-Wanderer-Sammler diese Objekte sieht, merkt er, daß er sie schon immer zu besitzen wünschte.

Plötzlich taucht ein Schaufenster auf, in dem Reisen zum Kauf angeboten werden. Da fällt dem Passanten ein, daß er im Urlaub nach Tasmanien, Korfu oder auf die Malediven fliegen könnte. Dort gibt es dann echte Natur zu sehen, mit Sandstrand, Meer, Palmen und Unterwasserwelten. Dieser harte Collageschnitt ist typisch für unsere mobile Globalgesellschaft. Dazwischen scheint es nicht viel zu geben. Der Alltag mit Arbeit (oder Arbeitslosigkeit) ist langweilig, genauso die landschaftliche Umgebung. Nur das Extreme bringt den Kick. Manchmal ist das Leben am Urlaubsort sogar billiger als zu Hause! Möglicherweise gibt es im Urlaubsort unter den Palmen auch Discos, Bars und Shops. Man will nach dem Sonnenbad das Einkaufen nicht verlernen. Nur wer kauft, lebt – so denken viele Touristen.

Die Umgebungslandschaften der großen Städte sind Gebrauchslandschaften, sie werden benutzt zum Pinkeln, um den Hund oder das Kind auszuführen und kurz Luft zu schnappen. Vielleicht entsorgt man hier auch mal kurz seinen Müll. Ansonsten werden diese Gegenden nicht weiter ernstgenommen.

Interessantere Landschaften sind dagegen am Wochenende übergroßem Ansturm ausgesetzt; deswegen sehen sich die Landschaftsschützer dazu gezwungen, ganze Regionen einzuzäunen und zu unbetretbaren Zonen zu erklären. So entstehen Landschaftsschutzgebiete und Bannwälder. Mit der Nationalparkidee wird versucht, den Tourismus mit dem Landschaftschutz zu verbinden. Auf markierten Wegen kann der Wanderer das Gebiet betreten, der Rest bleibt nur den Blicken offen. Beide Ideen gewinnen immer mehr an Bedeutung, auch unter Museumsaspekten (Naturmuseen).

Jeder Quadratmeter und Quadratkilometer gehört heute jemandem. Landschaft ist ein Wirtschaftsfaktor. Wieviel ein Stück Land wert ist, sieht man ihm im allgemeinen nicht an (außer in den Immobilien-Anzeigen der großen Zeitungen). Aber es ist anzunehmen, daß Grundstücke mit Seeanschluß am Bodensee, Starnberger oder Genfer See am teuersten sind (abgesehen von attraktiven Innenstadtlagen). In Kanada gibt es einen eigenen Immobilien-Fernsehkanal, der auch freie Landschaftsgrundstücke, Seen und Berge anbietet.

Wenn man bedenkt, daß zur Zeit der Germanen und Kelten »Deutschland« fast gänzlich mit dichten, von wilden Tieren bevölkerten Eichenwäldern bewachsen und das Durchkommen nur unter großen Mühen möglich war, bevorzugt man doch den heutigen Zustand. Allerdings haben die großen Flüsse ihre Magie verloren. Der Rhein war früher die Autobahn der Nibelungen und anderer machtgieriger Stämme, heute fließt das Wasser, straff kanalisiert, in sanften Schwingungen durch die Lande wie ein industrielles Förderband. Nur einmal im Jahr zeigt der Fluß mit gefährlichen Überschwemmungen, was für eine Urkraft in ihm steckt.

Jedes Lebewesen braucht Nahrung und scheidet nach der Verdauung wieder aus. Unsere verstädterte Zivilisation verhält sich genauso: Auf den Märkten und in den Kaufhäusern werden die Lebensmittel und Gebrauchsgegenstände gekauft. Durch die Toiletten werden die verdauten Reste in die Kloaken und Abflußkanäle gespült. Der Rest kommt in die Abfalleimer und wird von Müllwagen auf Deponien und in Müllverbrennungsanlagen gefahren.

Müll-Landschaften verkörpern die negative Seite der Zivilsation. Müll-Museen und Müll-Archäologie sind im Entstehen. Hier wird sich erhalten, was die Generationen der Zukunft vielleicht interessiert: Dosen, Flaschen, Handys, Zeitungen, Bücher, Glühbirnen, Spielzeug, Prothesen, Gebisse, Radios, Fernseher, Knochen, Essensreste, Gesetzbücher, Aktenordner, Computer, Autos, Kühlschränke, Briefe, Fahrpläne, Zeichentische, Möbel, Treppen, Schwellen, Ampeln, Kerzenständer, Öfen, Türblätter, Truhen, Stühle, Rohre, Klinken, Randsteine und Tastaturen. (Das meiste wird allerdings bis zur Unkenntlichkeit verrottet und damit für zukünftige Archäologen unbenutzbar sein.)

Wer an den Stadträndern die Schrebergartengebiete aufsucht, kann studieren, was bestimmte Menschen heute unter Paradies verstehen. Hier – Zaun an Zaun – versenkt sich der romantisch veranlagte Städter in die Natur, verbringt manche Schnaken-Nacht in seiner Holzhütte bei Kerzenlicht und einem guten Schluck aus der Bier- oder Weinflasche. In der Ferne, über dem Nachbarzaun, dampft die nahe Müllhalde oder raucht der Schlot der neuen Müllverbrennungsanlage. Die letzten Flugzeuge starten über dem Gebiet und ziehen ihre Kondensstreifen vor dem aufsteigenden Vollmond. Selig brummt der leicht angesäuselte Schrebergartenbewohner sein Lieblingslied »Am Brunnen vor dem Tore« vor sich hin, nebenan singt jemand mit, und gegen Mitternacht summt die ganze Kolonie vor Glück und Selbstzufriedenheit. So schön kann es auf der Welt sein! Harmonie: Mensch, Seele und Natur im Einklang?

Natürlich wird auch das Thema Landschaft und Landschaftsgestaltung im Global Museum thematisiert. Der Landschaftsverbrauch soll genauso dargestellt werden wie die Neulandgewinnung. Welche Länder gehen sorgsam mit der Natur um, welche nicht? Wo wird Wald zerstört, wo Wasser vergeudet, wo herrscht Trockenheit, wo Überschwemmung? Was kann der einzelne zum Erhalt einer gesunden Landschaft, Natur und Welt beitragen?

2, 3. Straßenfragmente und Bewegungsdiagramme.

2, 3. Street fragments and movement diagrams.

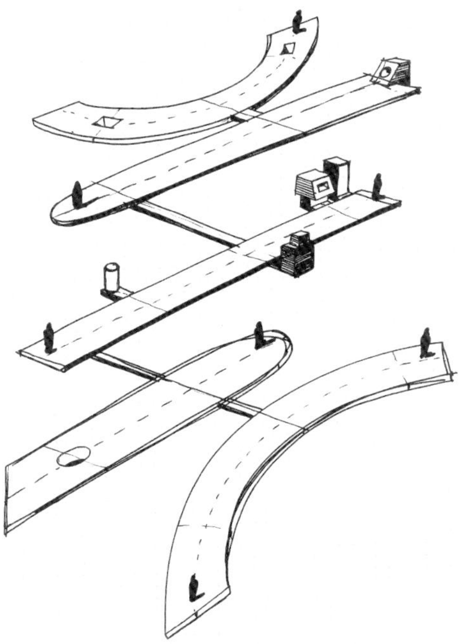

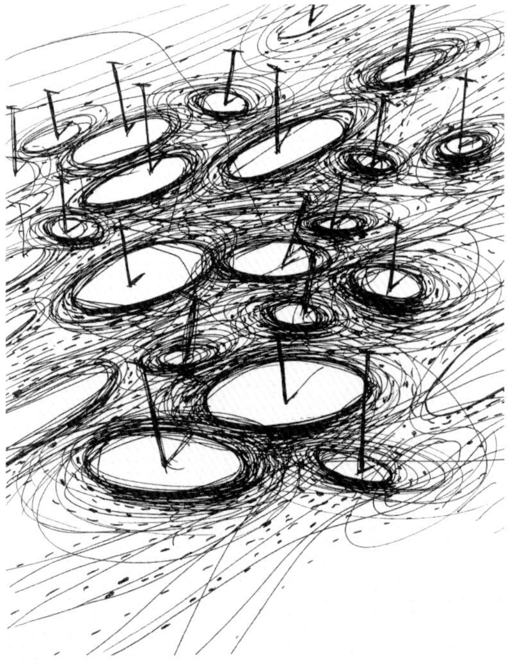

pool, at the gym, in the disco, or, even more up to date, you just set off with your mobile and ring or send a text to say where you are at the moment. The planning phase has shrunk to minutes.

Today's city-dwellers are bored in the countryside. (City-dwellers were like this in the 1920s as well, Tucholsky and Benn, for example). The landscape they are comfortable with is the artificial nature of department stores, shopping centres, malls. They feel right in these neon-lit interiors, they can feed their curiosity and addiction to looking at things. New items glitter everywhere, commodities, temptingly displayed for consumption. It is only when the itinerant urban collector actually sees these objects that he realizes he has always wanted them.

Suddenly a shop window crops up offering travel for sale. The passer-by realizes that he could fly off on holiday to Tasmania, Corfu or the Maldives. He'll be able to see real nature there, with sandy beaches, sea, palms and underwater worlds. This hard-edged collage approach is typical of our global society. There does not seem to be much in between. The everyday world of work (or unemployment) is boring, and so is the local landscape. You only get a kick from extremes. Sometimes it's cheaper to live at the holiday destination than at home! There could well be discos, bars and shops under the palm trees at the resort. You don't want to forget how to shop after sunbathing. You have to buy for to live – that's what a lot of tourists think.

The landscapes around big cities are utility landscapes, they are used for peeing, taking the dog or a child out for a quick breath of fresh air. Perhaps you might just get rid of your rubbish here as well. Otherwise these areas are not taken seriously.

But more interesting landscapes are unduly besieged at the weekend; this is why landscape users are compelled to fence off entire regions and declare them off limits. So we have nature conservation areas and protected forests. The national park idea is an attempt to combine tourism with nature conservation. Walkers can move around on marked paths, and the rest is just there to look at. Both ideas are becoming increasingly important, from the museum point of view as well (nature museums).

Every square metre and every square kilometre belongs to someone today. Landscape is an economic factor. It is not usually easy to tell what a piece of land is worth by looking at it (except in the property auctions in major newspapers). But we can assume that plots with lake access on Lake Constance, the Starnbergersee or Lake Geneva are the most expensive (apart from attractive city centre locations). Canada has a dedicated property television channel, which also offers available plots views, lakes and mountains.

When we remember that at the time of the Germanic and Celtic tribes, what we now call »Germany« was almost completely overgrown with dense oak forests populated by wild animals, and that it was almost possible to get through only with great difficulty, then the present state of affairs is preferable. Certainly the great rivers have lost their charm. The Rhine used to be the motorway for the Nibelungen and other power-hungry tribes, but now the water has been tightly channelled and flows through the countryside in gentle curves like an industrial conveyor belt. Only once a year does the river produce dangerous floods, to show what elemental forces lie within it.

All living things require food and excretes matter after digestion. Our urbanized civilization behaves in just the same way: food and consumer goods are bought in the markets and department stores. The digested remains are flushed down our toilets into sewers and drainage channels. The remainder is thrown into bins and is taken by dustbin lorries to dumps and rubbish incineration plants.

The landscape of landfill sites embodies the negative side of civilization. Rubbish museums and rubbish archaeology are emerging. They will preserve what might interest future generations: tins, bottles, mobiles, newspapers, books, light bulbs, toys, artificial limbs, false teeth, radios, televisions, bones, remains of food, law books, files, computers, cars, fridges, letters, timetables, drawing tables, furniture, stairs, steps, traffic lights, candleholders, stoves, doors, chests, chairs, pipes, latches, kerbstones and keyboards. (Though most things will have rotted to the point of unrecognizability, and will thus be no use to future archaeologists.)

If you visit allotments on the edge of cities you can look at something certain people see as paradise today. Here – fence to fence – city-dwellers with a romantic cast of mind immerse themselves in nature, spending many a midgy night in his hut by candlelight, taking a good swig out of the beer or wine bottle. In the distance, over the neighbour's fence, the nearby landfill dump steams or the chimney of the new refuse incineration plant smokes. The late planes take off over the area, drawing their condensation trails across the rising full moon. The slightly sozzled allotment-dweller growls out his favourite song »Am Brunnen vor dem Tore« happily to himself, someone sings along next door and as midnight approaches the whole colony is humming with happiness and content. That's how beautiful it can be to be alive! Harmony: man, soul and nature at one?

Of course the Global Museum will also address the theme of landscape and landscape design. Landscape consumption will be presented, as well as the acquisition of new territory. Which countries handle nature with due care, and which do not? Where are forests destroyed, where is water wasted, where are there droughts, where are there floods? What can the individual do to preserve healthy landscape, nature and world?

Wieland-Park, Biberach an der Riß, 1998 bis 2001, Erweiterung 2006/2007

Öffentliche Gärten und Parks werden heute kaum noch angelegt. Und das ist auch gut so. Denn für jeden Städter ist die Landschaft draußen vor der Stadt mit dem Auto leicht erreichbar. Parks in großen Städten gelten seit jeher als gefährlich, ziehen Obdachlose, Gauner, Kriminelle, Vergewaltiger, Dealer und Fixer an. Es gibt zahlreiche Beispiele in Europa und Amerika, die ich als Problemzonen anführen könnte. In Paris und London sind die Stadtverwaltungen dazu übergegangen, Zäune um die Anlagen zu bauen. In manchen Parks (zum Beispiel im Parc Citroen, Paris) gibt es eine eigene Parkpolizei (Ranger), die vor allem Mütter mit Kindern – sie sind tagsüber die wichtigsten Besucher – vor Spritzen und Flaschenscherben schützen sollen. Das gilt natürlich auch für Strände, wo sich die meisten Besucher barfuß aufhalten. Ich habe einmal morgens in Santa Monica beobachtet, wie eine Art Strandpolizei mit Metalldetektoren den Sand nach Spritzen und anderen Metallresten abgesucht hat!

Eigentlich dürften Parks heute nur noch an andere Institutionen angegliedert werden (zum Beispiel an Theater, Museen, Rathäuser, Krankenhäuser, Schwimmbäder, Bahnhöfe, Flughäfen), dann könnten sie auch umzäunt und permanent überwacht werden.

So gesehen, war es anachronistisch, einen neuen Bürgerpark – den »Wieland-Park« – für eine Stadt mit 35 000 Einwohnern zu planen. Mein anspruchsvolles Konzept hätte sich mehr für einen Museumsgarten geeignet als für einen öffentlichen, Tag und Nacht zugänglichen Garten. Es hat mich deshalb nicht gewundert, daß er bei vielen Besuchern und Benutzern auf Unverständnis gestoßen ist und immer wieder von Vandalen heimgesucht wurde und wird.

Dem Entwurf liegt ein literarisches Konzept zugrunde. Am Rand des Geländes stehen zwei Gartenhäuser, in deren Räumen Christoph Martin Wieland – bedeutendster Prosadichter und Verserzähler der Aufklärung – in seinen Mußestunden, die ihm sein Brotberuf als Stadtschreiber der freien Reichsstadt Biberach reichlich gewährte, dichtete. Beim Blick aus dem Fenster sah er in Gedanken am Ufer der schmalen Riß nackte Nymphen und Faune baden und tanzen. Sein Poetenblick verklärte die Realität – badende und schäkernde Dorfjugend – zu einem klassisch-romantischen Bild. Das war damals üblich. Ein Schuß Ironie hob Wieland aus dem Zeitklischee heraus. Hier in Biberach entstanden seine Abderiten, die liebevoll-bösartig-ironische Abrechnung mit dem kleinkarierten Zeitgeist.

Das literarische Konzept für den Park sah so aus: Ich stellte mir Christoph Martin Wieland vor, wie er nach einem Schreibnachmittag aus seinem Gartenhaus tritt und im Gelände vor dem Haus auf Jean-Jacques Rousseau trifft. Ob es eine gezielte Verabredung war oder nur ein Zufall, weiß ich nicht. Dieses Treffen fand natürlich nur in meinen Gedanken statt. Die beiden vertiefen sich sofort in ein langes Gespräch über Landschaft. Rousseau fordert – wie könnte es anders sein – die Rückkehr zur Natur, zur wildwuchernden, naturbelassenen Landschaft. Wieland hält dagegen, daß unsere Kultur fortgeschritten sei und eine andere, stärker gefaßte Gartenform benötige. Der Garten müsse unserem Bewußtsein entsprechen, sagt er. Sie reden und reden. Irgendwann wird es Zeit, sich zu trennen. Wieland kehrt in seine Stadtwohnung zurück, verläßt einige Monate später Biberach und zieht zu Goethe nach Weimar. Rousseau nimmt die Einladung nach Ermenonville an und gibt seinen bisherigen Wohnort Paris auf.

Das Gespräch habe ich in meinen Weglinien und in meinen Parkeinbauten nachgezeichnet. Die Grundhaltungen gelten auch heute noch: Naturgarten gegen geometrischen Garten. Ich habe versucht, die Argumente wie bei einer Diskussion ineinanderzufügen. Bestimmte Elemente erinnern an Rousseau, andere an Wieland.

Für Rousseau stehen die naturbelassenen Teile wie das kleine Waldstück in der Südostecke der Anlage und die runde Halbinsel in der Mitte des Sees. Sie wurde als Zitat der berühmten Rousseau-Grabinsel in Ermenonville mit Pappelkreis und Textzitaten im Boden nachgebildet.

Für Wieland stehen die anmutigen, aber geometrisch geraden Wege, die den Park durchziehen, der runde See, die Wiesen und die Obstbäume, die er als Gärtner und Möchtegern-Landwirt so sehr liebte. Und natürlich einige literarische Texte aus seinen Werken.

Ich selbst trug als Erzähler auch noch einige Elemente bei: ein kleines, transparentes Fensterhaus mit Felsblock, eine gewölbte hölzerne Laube, eine Ruine, ein Zwiebelturmfeld, eine Schilfzone, ein Großphoto mit Stein- und Kieslandschaft (Erinnerung an die Moränenlandschaft der Eiszeit), einen Kinderspielbereich, einige Bänke und Sitzmauern.

Der durchwandernde Besucher erlebt Landschaft und Außenraum als Geflecht aus Bildern und Kompositionen, die sich zusammensetzen, entstehen und wieder zerfallen. Die heutige Zeit mischt sich durch die Umgebung ein: Fenster schauen neugierig herab, Dächer neigen sich vorwurfsvoll zur Seite, Fernsehantennen schütteln ihr dünnes Gerippe. In der Ferne zwiebelt der Stadtkirchenturm über den Horizont.

Im Mittelpunkt der gesamten Anlage ragt eine künstliche Ruine auf, die in einigen Jahren mit wildem Wein und Efeu eingewachsen sein wird.

Ruinen verkörpern für mich das romantische Gegenbild zum Perfekten der gängigen Stadtarchitekturen. Sie waren vielleicht einmal Teil eines Hauses, einer funktionierenden Wohnung, jetzt sind sie nur noch Fragmente auf dem Weg zurück zur Natur. Ihre abgebrochenen Konturen zeichnen wie traumverloren Gebirgs- und Hügellinien nach. Vögel interessieren sich für die Fensternischen und Wandüberstände und denken vielleicht daran, hier oben ein Nest zu bauen.

Mein Ziel war es, eine poetische Landschaft zu schaffen, die es so in der freien Natur nicht gibt. Irgendwo zwischen Natur und Stadt, zwischen Freiheit und gezähmter Kultur, zwischen wilder Archaik und zivilisierter Kunst, zwischen künstlich und natürlich, nahe einem literarischen Text, einem Gedicht, einem Film. Vorbilder dafür gibt es in ganz Europa: die Renaissance- und Barockgärten Italiens und Frankreichs und die romantischen Gärten Englands und Deutschlands.

1. Vorschlag für ein Hochhaus aus Maiskolben in Kehl, 2002.

1. Proposal for a high-rise building made of corncobs in Kehl, 2002.

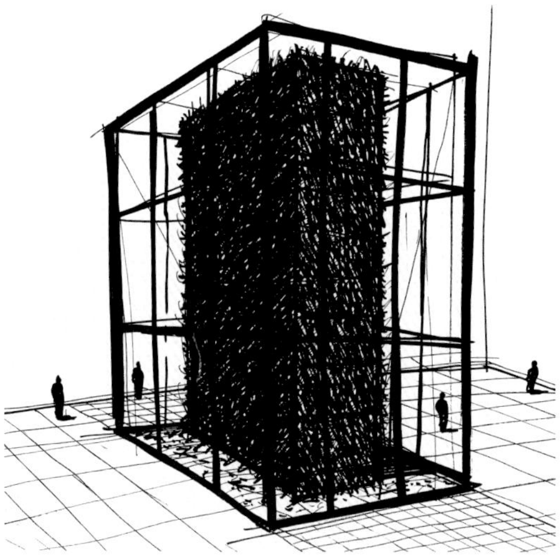

Wieland-Park, Biberach an der Riß, 1998 to 2001, extension 2006/2007

Not many public gardens and parks are created nowadays. And that doesn't matter, as the countryside just outside the town is easily accessible by car. Parks in big cities have always been seen as dangerous, attracting the homeless, thieves, criminals, rapists, dealers and junkies. There are numerous examples in Europe and America that I could list as problem areas. In Paris and London the city authorities have taken to build fences around their parks. In many of them (in the Parc Citroen in Paris, for example), there are special park police (rangers), intended first and foremost to protect mothers with children – they are the principal visitors in the daytime – against needles and bits of broken bottles. This also applies to beaches, of course, where most people go barefoot. I once saw a kind of beach police force in action in Santa Monica, searching through the sand with metal detectors for needles and other metal fragments!

Actually parks should only be attached to other institutions today (to theatres, for example, museums, town halls, hospitals, swimming baths, stations, airports), then they could be fenced and under permanent surveillance.

Looking at it like this, it was an anachronism to plan a new municipal park – the »Wieland-Park« for a town with 35,000 inhabitants. My ambitious project would have been more suitable for a museum garden than a public park, accessible night and day. So I was not surprised that a lot of visitors and users did not understand it, and it was and is constantly ravaged by vandals.

The design is based on a literary concept. On the edge of the site are two summerhouses in whose rooms Christoph Martin Wieland – the most important Enlightenment writer of prose and narrative verse – spent his leisure hours writing. His bread-and-butter profession as town clerk to the free imperial city of Biberach left him plenty of time for this. When looking out of the window he saw naked nymphs and fauns in his mind's eye, dancing on the bank of the narrow river Riß. His poet's view transfigured reality – the young people of the village, bathing and flirting – to create a classical-romantic image. That was usual at the time. But Wieland did wring a shot of irony from the cliché of the day. His Abderiten were written here in Biberach, an affectionate-malicious-ironic settlement of accounts with the small-minded spirit of the day.

The literary concept for the park looked like this: I imagined Christoph Martin Wieland coming out of his summerhouse after an afternoon's writing and meeting Jean-Jacques Rousseau just outside. I don't know whether this was by chance or by arrangement. The meeting was only happening in my mind, after all. The two immediately plunge into a long conversation about landscape. Rousseau insists – what else could happen – on returning to nature, to the wildly proliferating, natural landscape. Wieland disagrees, averring that our culture is advanced and needs another, more tightly contained, garden form. He says that gardens ought to correspond with our state of awareness. They talk and talk. Then at some point they have to part. Wieland goes back to his urban home, then leaves Biberach and moves to join Goethe in Weimar. Roussau accepts an invitation to Ermenonville, leaving his present home town of Paris.

I followed this conversation in the lines of my paths and my park facilities. The basic approach still holds today: natural garden versus geometrical garden. I tried to fit the arguments together as one does in a discussion. Certain elements are reminiscent of Rousseau, others of Wieland.

The areas that have been left natural, like the little wood in the south-east corner of the park and the round peninsula in the middle of the lake stand for Rousseau. The latter was intended as an allusion to Rousseau's famous grave island in Ermenonville, with a circle of poplars and quotations from texts copied into the ground.

The graceful, but geometrically straight paths running through the park stand for Wieland, and so do the round lake, the lawns and the fruit trees he so loved as a gardener and would-be farmer. And of course some literary texts from his works.

I contributed some elements myself as narrator: a small, transparent building with windows and a piece of rock, a vaulted, wooden arbour, a ruin, a field of onion towers, an area of reeds, a large photograph with a stone and gravel landscape (reminiscent of the ice-age moraines), a children's play area, some benches and walls to sit on.

Visitors walking through experience landscape and outdoor space as a fabric of images and compositions that come together, emerge and then break up again. The present day is involved because of the surrounding area: windows look down curiously, roofs incline reproachfully to the side, roof aerials shake their thin skeletons. The town church tower onions over the horizon.

In the centre of the whole park an artificial ruin rears up; this will be covered with wild vines and ivy in a few years.

For me, ruins embody the romantic counterpart to the perfection of current urban architecture. They were perhaps once part of a building, of a functional home, but now they are mere fragments on the way back to nature. Their broken contours copy the lines of hills and mountains, lost in dreams. Birds show an interest in the window niches and remains of walls, and perhaps think of building a nest up here.

My aim was to create a poetic landscape of a kind that does not exist in nature. Somewhere between nature and city, between freedom and tamed culture, between wild archaism and civilized art, between artificial and natural, very like a literary text, a poem, a film. There are models for this all over Europe: the Renaissance and Baroque gardens of France and Italy and the romantic gardens of England and Germany.

2. Lageplan.

2. Site plan.

NATTERSTRASSE
PARKPLÄTZE
HASELNUSS
Felshaus
SKULPTUR
ESCHE
ROMANTISCHES WALDSTÜCK
ULME
SITZ-MAUER
TEICH
See
Blickscheune
Zwiebel-
turmfeld
TRAUERWEIDEN
WASSERBECKEN
Ruine
NUSSBAUM
KINDERGARTEN
SCHNITT S1
TOR
Waldseer Straße

3, 4. Eingangsbereich vor dem Umbau 2007.
5. Gartenhaus von Christoph Martin Wieland und Weg in den Park.

3, 4. Entrance area befor the alteration 2007.
5. Summer house of Christoph Martin Wieland and walkway into the park.

6. Wege und Wiesenflächen.
7. Photowand mit Steinen und gewölbtes Laubenhaus.
8. Künstliche Ruine.

6. Walkways and the grassed areas.
7. Photograph wall with stones and vaulted arbour.
8. Artificial ruin.

9. Blick auf die Rousseau-Insel mit Mond-Skulptur und künstlicher Ruine.

9. View of the Rousseau Island with moon sculpture and artificial ruin.

10, 11. Erhöhte Terrasse mit Blick-Scheune.

10, 11. Elevated terrace with view barn.

12, 13. Zentraler See mit Fontäne.

12, 13. Central lake with fountain.

Konzept für Berlin-Adlershof, 2004

Als ich im Frühjahr 2004 einen Anruf von einem befreundeten Berliner Architekten (Gerald Blomeyer) erhielt, den ich schon seit Jahren kenne und der mich hin und wieder zur Zusammenarbeit einlädt, habe ich mich sehr über sein Angebot gefreut, für das Gebiet Berlin-Adlershof einige städtebauliche Vorschläge machen zu können. Ich fuhr mit ihm hinaus. Adlershof liegt nicht weit von Köpenick entfernt, wo ich wegen des Kunstgewerbemuseums gerade tätig war. Obwohl schon zu DDR-Zeiten in Adlershof Universitätsinstitute angesiedelt waren – hier arbeitete der legendäre Manfred von Ardenne –, wurde erst in den Jahren nach der Wende das Konzept für eine neue Stadt entwickelt. Immer mehr Institute – vor allem aus dem Technik- und Computerbereich – versammelten sich hier. Irgendwann stockte das Vorhaben. Das Interesse der Wirtschaft versiegte, und die zuständige Entwicklungsgesellschaft machte sich zunehmend Sorgen. Die Zwischenräume gähnten, und die Stadt wollte sich zu keiner Einheit schließen. Wir sollten Strategien entwickeln, Gerald Blomeyer mit städtebaulichen Konzepten, Verdichtungs- und Vermarktungsvorschlägen, ich mit markanten Akzenten.

Ich schlug ein zentrales Glasgebäude vor, das für alle Bewohner, Studenten und Professoren als Anlaufstelle dienen sollte. Dahinter plante ich einen etwas ungewöhnlichen Platz, der aus einigen schräg geneigten Platzschollen bestand. Markante Zeichen wollte ich zum einen aus Solarzellen-Elementen, zum andern aus dem Namen entwickeln. Der Adler kam mir gerade recht. Ich plante Adlerhorste in jeder Höhe, auf Masten und Plattformen. Allerdings ohne Hoffnung, daß hier jemals echte Adler auftauchen würden, nur Tauben und Krähen.

In Richtung freies Feld (ehemaliger Flugplatz Johannistal) schlug ich Felder mit Solarzellen-Anlagen, Getreide und Sonnenblumen vor. Wir stellten den Gedanken-Bild-Blumenstrauß bei einer Veranstaltung vor Ort im Sommer 2004 vor. Seitdem habe ich nichts mehr aus Adlershof gehört. Die Hoffnung, ungewöhnliche Projekte, die nicht direkt wirtschaftlich nutzbar sind, zu verwirklichen, habe ich nie aufgegeben.

Heute kann niemand mehr ganze Städte planen. Unsere Aufgabe wird sich darauf beschränken, in vorhandene Entwicklungen und Strukturen einzugreifen, Zwischenräume zu besetzen, Überhöhungen oder dezente Ergänzungen zu schaffen. Die Stadt ist ein Kontinuum, ein Prozeß. Das Festgebaute, Versteinerte gehört in die Rubrik »Museum«, das jetzt Entstehende unter »Ergänzungen«. Die Orte, an denen meine Vorschläge realisiert und ausgestellt werden, sind fast immer die Stadt und natürlich das neugeplante Global Museum.

Concept for Adlershof, Berlin, 2004

I was very pleased when a Berlin architect friend (Gerald Blomeyer), whom I have known for years and who asks me to work with him from time to time, rang me up in spring 2004 and invited me to make some urban development proposals for the Adlershof district of Berlin. I went out there with him. Adlershof is not far from Köpenick, where I was working on the applied art museum at the time. Even though there had been university institutes in Adlershof even in the GDR days – the legendary Manfred von Ardenne worked here –, it was only in the years after the fall of the Wall that a concept for a new town was developed. More and more institutes – particularly in the technology and computer fields – came together here. The project came to a stop at some point. Commercial interest dried up, and the development company involved became increasingly anxious. The gaps yawned, and the town refused to become an entity. We were to develop strategies, Gerald Blomeyer in terms of urban development concepts and proposals for increasing density and marketing, and I in terms of striking accents.

I proposed a central glass building intended as a place for all the residents, students and professors to go to. Behind this I planned a somewhat unusual square consisting of diagonally inclined paving blocks. I wanted to develop some striking landmarks first of all from solar cells, and then from the name – »Adlershof« means »eagles' court«. Eagles were just what I was looking for. I placed eagles' eyries at every level, on masts and platforms. Of course without any hope that real eagles would ever turn up here, just pigeons and crows.

In the direction of the open fields (the former Johannistal airfield) I proposed fields of solar cell units, cereals and sunflowers. We set up the concept-image-bouquet at an event in summer 2004. Since then I have not heard another word from Adlershof. I have never given up hope of realizing unusual projects of no immediate commercial use.

No one can plan entire cities any more. Our job will be restricted to intervening in existing developments and structures, filling in gaps, creating heights or unobtrusive additions. The city is a continuum, a process. Things that are fixed, built in stone, belong under the heading »museum«, what is emerging now under »additions«. The places where my suggestions are acted on and exhibited are almost always cities and of course the new plan for the Global Museum.

1, 2. Entwürfe für Berlin-Adlershof.

1, 2. Suggestions for Adlershof, Berlin.

3. Glashäuser, die sich im Wasser spiegeln.
4. Solarfelder.
5. Adlerhorste, am Wasser aufgereiht.

3. Greenhouses reflected in water.
4. Solar panels.
5. Eagles' eyries, lined up by the water.

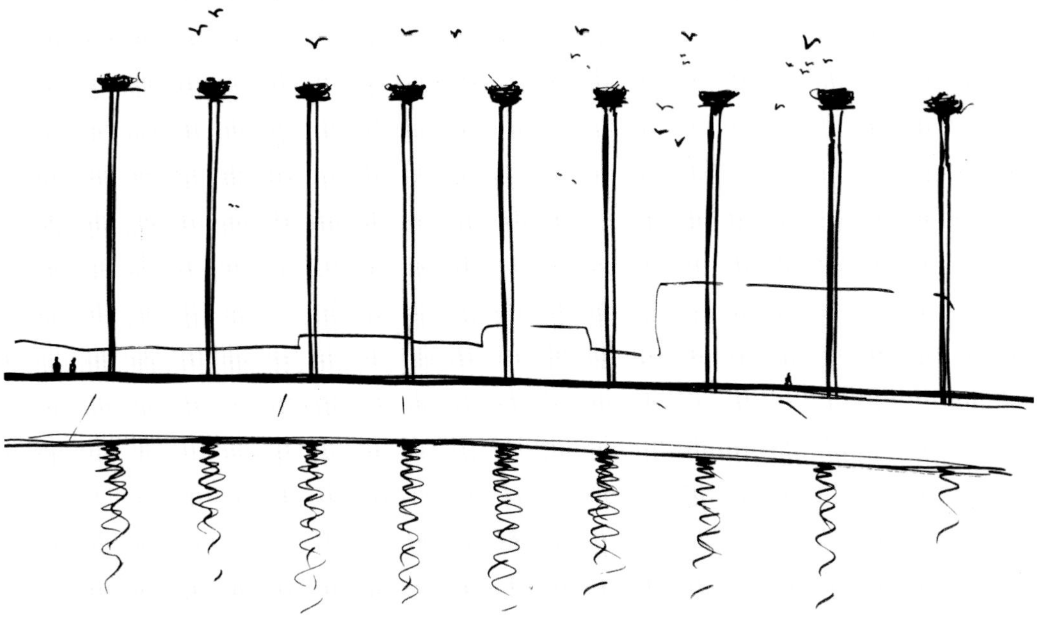

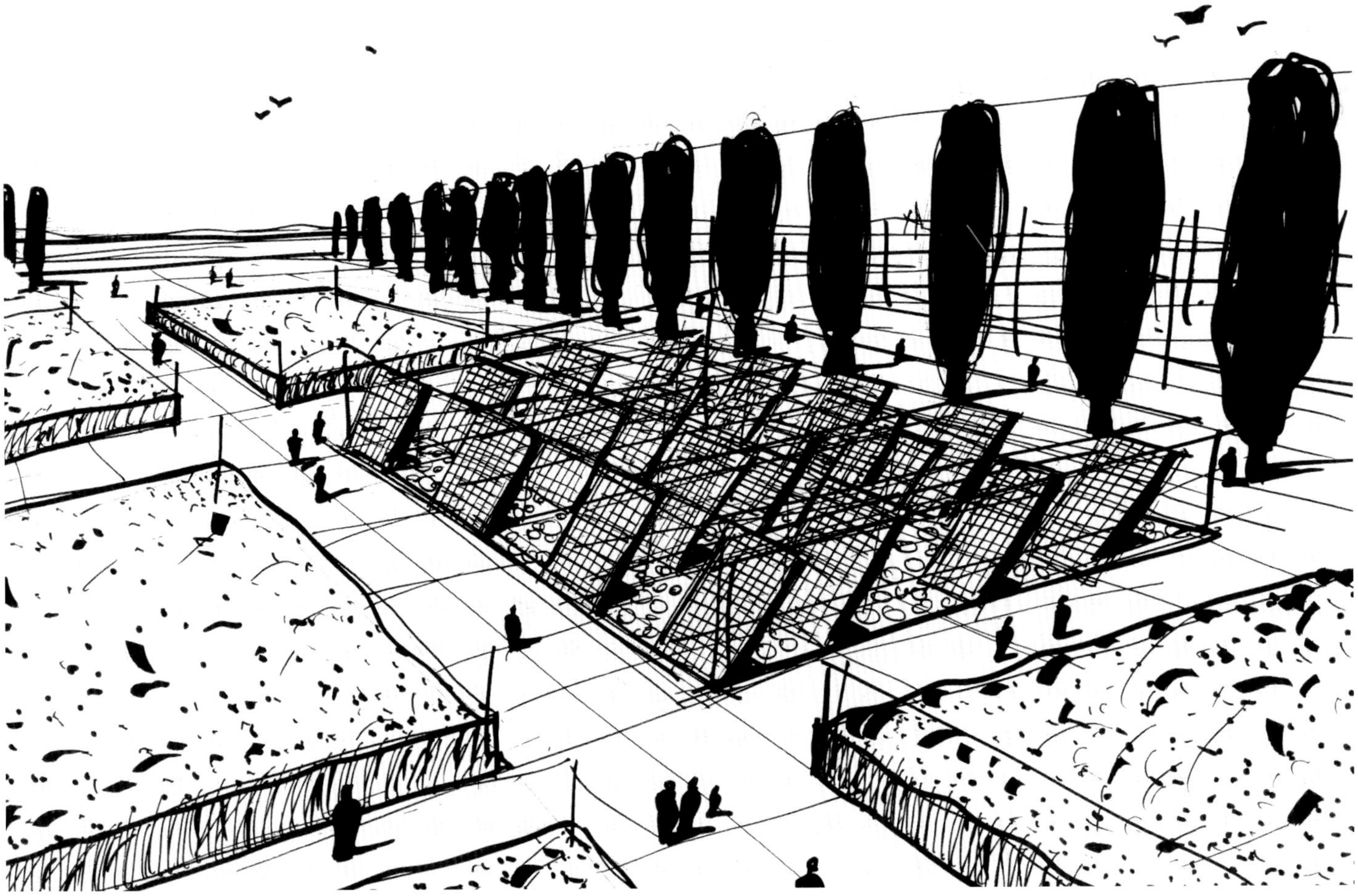

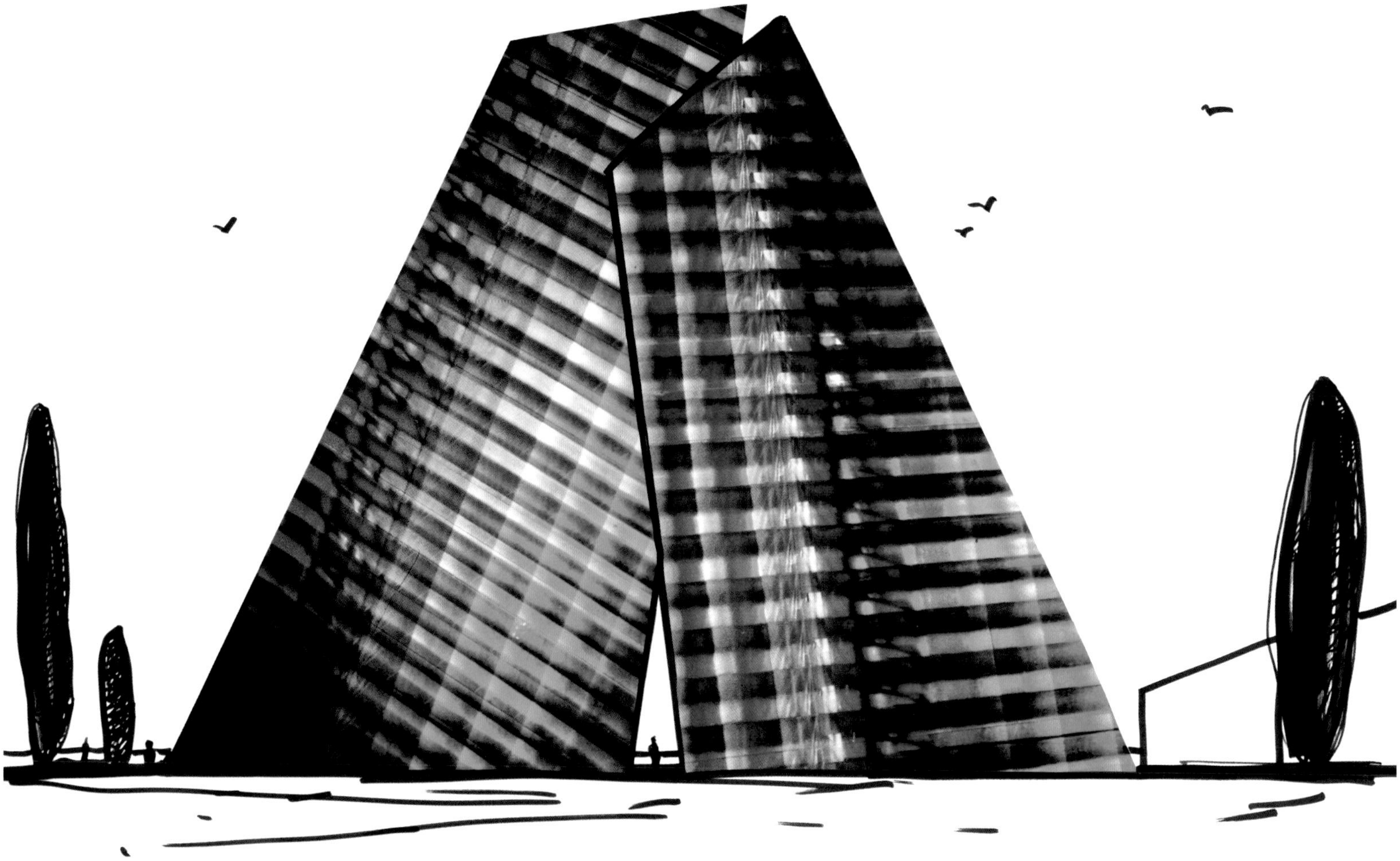

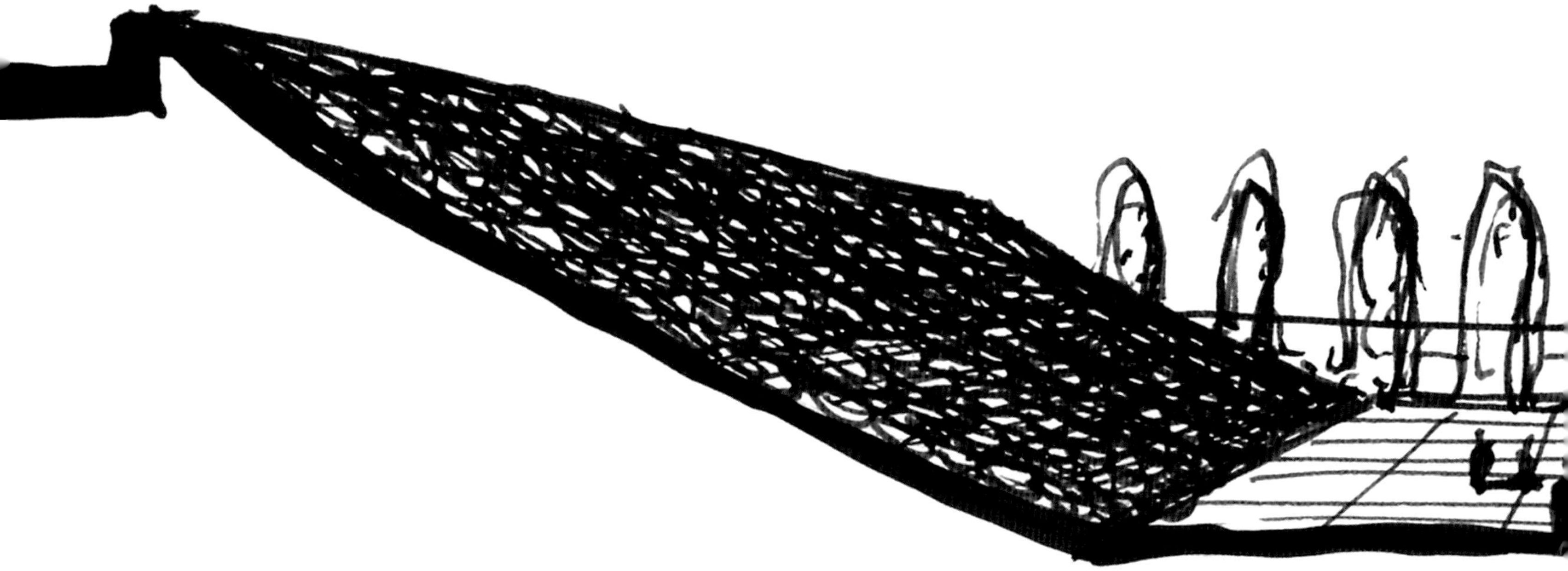

6.–8. Architektur und Landschaft. Übergangszonen.

6–8. Architecture and landscape. Areas of transition.

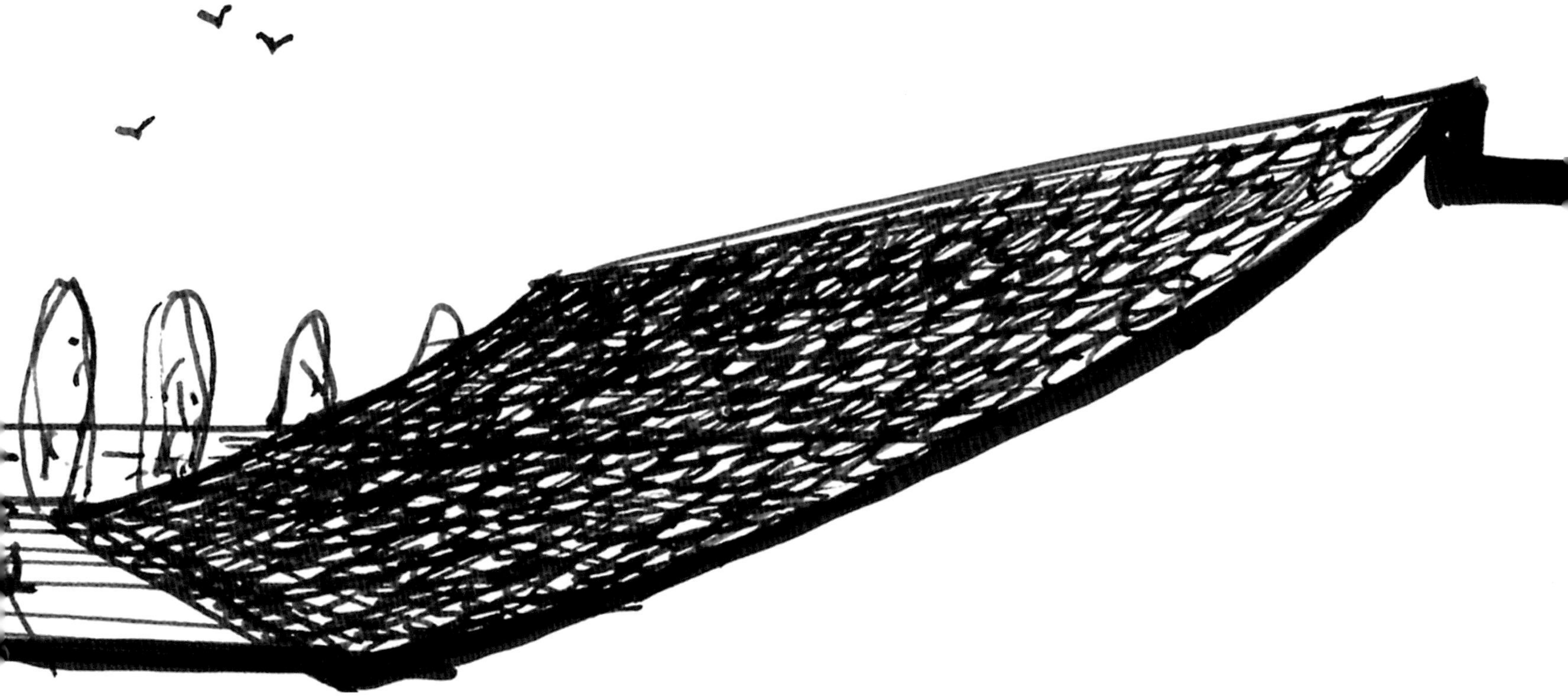

Bühnenbilder: Bildarchitekturen, Gedankenbaustellen, inszenierte Blicke

Mit diesem Kapitel betreten wir einen Bereich, der unterschwellig alle anderen Themen begleitet hat. Gäbe es das Theater und die Oper nicht, müßten die meisten dieser Bild-Architekturen im gezeichneten Papierzustand verharren. Wer will, kann in der ganzen Welt mit ihren Landschaften, Dörfern und Städten Bühnenbilder entdecken! Benutzbar sind diese sichtbaren Oberflächen aber nur für Filme. Im Theater geht es nicht um abgebildete, abgefilmte Realität. Dieser Ort bleibt den Möglichkeiten der Phantasie, der poetischen Wirklichkeit offen. Innen und Außen können durcheinanderwirbeln wie in einer wildgewordenen Drehtür. Traumcollagen sind denkbar, Zeitverschränkungen, Spracharchitekturen, Ungefähres, Vermutetes, Romantisches und Unterbewußtes.

Ähnlich wie Ausstellungen sind Bühnenbilder flüchtige Kunstwerke. Sie leben nur eine Saison lang, maximal zwei bis drei Jahre. Danach landen sie im Müll oder werden weiterverarbeitet.

In der Schnelligkeit dieses Mediums liegt auch seine Stärke. Für mich ist die Bühne Labor und Versuchswerkstatt für ungewöhnliche Zusammenstellungen, ausdrucksvolle Räume und intensive Atmosphären. Alles, was hier gebaut wird, gerinnt zum Bild. Jede Architektur wird Bild-Architektur.

Die Realität der Städte ist geprägt von unfreiwilligen Zusammenstellungen. Bauämter können höchstens Traufhöhen festlegen, selten Qualität und Form. Die Dreidimensionalität der Bauten, ihre angestrebte Effizienz und Funktionalität lassen das Aussehen oft kaum über eine gerasterte Leere hinauskommen. Schöne, malerische und eindrucksvolle Stadtsilhouetten sind über Jahrhunderte gewachsen: Köln etwa, Delft, Lübeck, Ulm, Venedig oder New York. Manchmal überragt ein Gebäude seine Umgebung in Form, Größe und Ausstrahlung, dann gewinnt die ganze Stadt und wird zum Bild: zum Beispiel das Ulmer Münster, der Kölner Dom, der Mailänder Dom, die Wiener Staatsoper, der Louvre, das Chilehaus, das Centre Pompidou, das Moderne Museum in Barcelona, das Jüdische Museum in Berlin, das Guggenheim-Museum in Bilbao. Am einfachsten läßt sich die »Bildgerinnung« am Andenkenstand im Bahnhof oder am Flughafen studieren. Ansichtskarten-Produzenten haben ein Gespür für Bild-Architektur. Alles, was als Postkarte erscheint, hat es »geschafft« und die Chance, in das Langzeitgedächtnis der Bewohner und Besucher einzugehen. Auf Postkarten findet sich immer das Besondere, selten oder nie das Banale.

Wie das Museum und die Ausstellung, so ist auch das Theater eine Schule des Sehens. Hier werden die Motive der sichtbaren Welt auseinandergenommen und neu zusammengesetzt, hier wird das Triviale mit dem Hohen kombiniert, hier wird experimentiert, geträumt, übertrieben und vorgeschlagen. Die Besucher können anschließend über das Gesehene und die Interpretationen diskutieren, die Haltung ablehnen oder in den Himmel loben. Im gemeinsamen Gespräch entstehen Geschmack, Meinung, Kultur ...

Obwohl auch in diesem Bereich ein extremer Pluralismus herrscht, werden Hierarchien – wer steht oben, wer unten – errichtet, meistens von Kritikern, von Zeitungen und vom Fernsehen. Gewisse Sehweisen stehen höher im Ansehen als andere. Es gibt führende Regisseure, Bühnenbildner, Theater und Opernhäuser, und es gibt welche in der zweiten und dritten Reihe. Ab und zu ändern sich die Ansichten. Was Avantgarde ist, darüber streiten sich die Kenner.

Eines habe ich in all den Jahren beobachtet: So etwas wie Fortschritt und Entwicklung gibt es weder in der modernen Kunst noch im Theaterbereich. (Ich habe im Vorwort darauf hingewiesen.) Es kommt nur zu – manchmal rätselhaften – Blickverschiebungen. Was man oft oder zu oft gesehen hat, wird irgendwann zugunsten neuer Aspekte beiseite gelegt und abgelehnt. Niemand kann sagen, Appia war besser oder fortschrittlicher als Minks, Max Reinhardt besser als Peter Stein, Ruth Berghaus besser als Peter Konwitschny. Sie sind nur verschieden, betonen andere Gesichtspunkte, verfechten eine andere Ästhetik, wobei der Begriff längst zu einer Wolke geworden ist (oder war sie das schon immer?), die ständig ihre Konsistenz, Farbe und Form ändert. Jeder projiziert etwas anderes auf ihre Rundungen. Alles ist denkbar, alles ist möglich. Niemand hat die Wahrheit gepachtet.

Ewigkeitswerte können nur in der Vergangenheit gefunden werden. Niemand wird Nofretete oder Mona Lisa als vollendete Schönheiten in Frage stellen. Oder doch?

Was mir am Theater und an der Oper gefällt, ist die Konzentration. Alle Besucher sind für einige Stunden lang bereit, sich gemeinsam auf diese eine Sache zu konzentrieren. Jetzt wird nicht mehr gezappt oder nebenher gebügelt, geräumt, telephoniert, jetzt wird nur geschaut und gehört. Der Raum dunkelt sich ein, die Musik beginnt, das Spiel setzt ein.

Die Dunkelheit ist das Entscheidende. Im Theater gibt es wirklich die Möglichkeit zur absoluten Nacht. Aus ihr kann ich die Szenen herausleuchten. Manchmal nur die Gesichter. Dann wieder nur ein Fenster oder eine Hausecke. Die Beleuchtungssysteme und Scheinwerfer sind in den letzten Jahren technisch immer perfekter geworden. Einzellichter lassen sich ferngesteuert bewegen, mitten in ihrer Bewegung können Farben gewechselt und andere Lichter dazugeschaltet werden. Die digitale Revolution hat hier einen vollkommen neuen Berufszweig geschaffen: Aus dem Beleuchter von einst ist der Lightdesigner geworden, der auf seinem Instrument – dem Schaltpult – spielen kann wie ein Pianist auf einem Flügel oder der Schlagzeuger auf seinen Trommeln. Natürlich braucht er auch Objekte – das Bühnenbild und die Darsteller –, um sein Licht sichtbar zu machen.

So gesehen, ist das Theater-Opern-Ereignis immer ein Gemeinschaftswerk von Autor, Komponist, Regisseur, Dramaturg, Kostümbildner, Lightdesigner, Bühnenbildner, Sänger, Schauspieler, Musiker und Dirigent. Je mehr sich die gemeinsam erarbeitete Interpretation zur Einheit schließt, desto größer ist die Wirkung auf die Zuschauer.

Die Wirkung ist im Zusammenhang mit der Bildhaftigkeit ein wesentlicher Faktor, der sich auch auf die anderen hier behandelten Bereiche übertragen läßt: auf Ausstellung, Museum, Landschaftsgestaltung und Städtebau. In den letzten Jahren hat sich für diese disziplinübergreifenden Aktivitäten der Begriff »Szenographie« eingebürgert – ein Begriff, der ursprünglich aus der Filmwelt stammt.

Offen bleibt in diesem Zusammenhang allerdings, mit welcher Ernsthaftigkeit oder – als Gegensatz dazu – mit welcher Oberflächlichkeit ein Thema angegangen wird.

Beim Entwurf und Bau von Kirchen und Schlössern gab es früher ein Programm. Die Kunstgeschichte hat dafür den Begriff Ikonographie eingeführt. Jeder wichtigen Fassade des 19. Jahrhunderts lag ein solches Programm zugrunde. Atlanten (muskulöse Männer), Simsfiguren, nackte Frauen (Karyatiden), Putten (männliche und weibliche Kinder, die dem Betrachter meistens ihren wohlgeformten, drolligen Hintern zeigen), steinerne Blumenkübel, Girlanden und Vögel in allen Größen schmückten die freien Flächen.

Ornamente ergänzten das Bild. Das 20. Jahrhundert räumte mit diesen vermeintlich überflüssigen Dingen auf. Vielleicht wollen wir mit unseren Bühnenbildern und Szenographien wieder zurück in eine Zeit vor Malewitsch und Loos. Nun jedoch mit neuen Inhalten: aus Film, Theater, Psychologie und Kunst. Auf die Dauer braucht jeder Stadt- und Hausbewohner Kanten, Versprünge, Nischen, Erker, Türmchen, Bilder, an denen seine Augen haften bleiben, die bei ihm Erinnerungen und Assoziationen auslösen.

Die großen Boulevards der Weltstädte zeigen sich als Bild-Architekturen, ausgebreitet in Raum und Zeit: Ringstraße in Wien, Champs-Elysées in Paris, Fifth Avenue in New York, Kurfürstendamm in Berlin, Via Veneto in Rom und Ramblas in Barcelona. In den guten Zeiten verschmolz hier alles zum prunkvollen, wogenden Stadtbild aus mondänen Flaneuren, schicken, geputzten Frauen, Alleebäumen, Verkehr, Auslagen der Läden, Möblierung der Cafés und Restaurants und repräsentativer Architektur der Häuser.

Alle erwähnten Straßen gibt es noch heute, manchmal erscheinen sie auch in altem Glanz und leuchten wie eh und je. Doch das sind Ausnahmen. Die meisten Stadteinkaufsstraßen bleiben trist und unerfreulich. Oft sind sie verkehrsberuhigt und zu Fußgängerzonen umfunktioniert worden. Täglich schieben sich anonyme Käufermassen auf der Suche nach Schnäppchen über die Steinplatten.

Doch zurück zu den Bühnenbildern. Ich stelle hier 13 Arbeiten der letzten fünf Jahre vor. Dazu werfe ich einen Blick in die gegenwärtigen Produktionen (noch einmal fünf Stücke). Die Handlungen der Opern (Schauspiele sind nicht darunter) werde ich nicht im einzelnen erläutern.

Mir geht es weniger um die theatralische Zuordnung als um die Darstellung möglicher atmosphärischer Bilder, die auch für andere – theaterfremde – Bereiche anwendbar wären.

In meiner Vorstellung träume ich von Querverbindungen, Austauschungen: Bühnenbilder in Parks, Fußgängerzonen, Kaufhäusern, Museen. Bühnenbilder auf Hausdächern, in Unterführungen und Parkhäusern, Bühnenbilder in Schwimmbädern und Bahnhöfen. Parks als Bühnenbilder und Ausstellungen. Ausstellungen in Theatern und Metrostationen, in Malls und Wohnungen. Die Hermetik aller Disziplinen erschien mir von Anfang an problematisch. Leider konnte ich bisher nur wenige von diesen Überlegungen und Gedanken realisieren.

Stage sets: pictorial architecture, concept building sites, staged views

With this chapter we are entering an area that has accompanied all our other themes subliminally. If theatre and opera did not exist, most of this pictorial architecture would have stayed as drawings on paper. Anyone who likes from anywhere in the world can discover stage sets in their countryside, villages and towns! But these visible surfaces can be used only for films. Theatre is not about depicting and filming reality. This is a place that remains open to the possibilities of the imagination, of poetic reality. Inside and outside can whirl around together like a revolving door gone mad. Dream collages are conceivable, linked time, linguistic architecture, approximations, assumptions, romantic and subconscious moments.

Rather like exhibitions, stage sets are transient works of art. They live for a season only, at the most two to three years. After that they end up on the tip or are used for something else.

The speed of this medium is also its strength. For me the stage is a laboratory and experimental workshop for unusual juxtapositions, expressive spaces and intense atmospheres. Everything that is built here comes together to form a picture. Each piece of architecture becomes pictorial architecture.

Urban reality is marked by involuntary juxtapositions. Building departments can at best fix eaves heights, but rarely form and quality. The three-dimensional quality of the structures, the efficiency and functionality they are aiming for often mean that their appearance goes little beyond an empty grid. Beautiful, picturesque and impressive urban silhouettes have grown over the centuries: Cologne, for example, Delft, Lübeck, Ulm, Venice or New York. Sometimes one building towers above all its fellows in form, size and the impact it makes, and then the whole town benefits and becomes a picture: Ulm Minster, for example, Cologne Cathedral, Milan Cathedral, the Vienna State Opera, the Louvre, the Chilehaus in Hamburg, the Centre Pompidou, the Modern Museum in Barcelona, the Jewish Museum in Berlin, the Guggenheim Museum in Bilbao. The simplest way to study how the picture »comes together« is at the souvenir stand at the station or the airport. Postcard producers have an eye for pictorial architecture. Anything that appears as a postcard has »made it« and has a chance of become part of the inhabitants' and visitors' long-term memory. Postcards always show something special, rarely or never something banal.

Like museums and exhibitions, theatre too is a school of seeing. Here the motifs of the visible world are taken apart and put together again, here the trivial is combined with the lofty, experiments are conducted here, dreams dreamed, exaggerations and suggestions made. The audience can then talk about what they have seen and how to interpret it, reject the approach or praise it to the skies. Such discussions create taste, opinions, culture …

Although there is a vast range of opinions in this field as well, and hierarchies are set up – who's in, who's out –, usually by critics, newspapers and the television. Certain approaches are better thought of than others. There are leading directors, designers, theatres and opera houses, and there are those that are in the second or third rank. Views change from time to time. Connoisseurs quarrel about what is avant-garde.

I have observed one thing over all the years: there is nothing in modern art or the theatre that could be called progress and development (I touched upon this in the introduction). All that happens are – sometimes mysterious – shifts in viewpoint. Anything that has been seen often or too often is put on one side and rejected at some time in favour of new aspects. No one can say that Appia was more progressive than Minks, Max Reinhardt better than Peter Stein, Ruth Berghaus better than Peter Konwitschny. They are just different, emphasize different points of view, stand up for a different aesthetic, though that concept has long since become very cloudy (or was it always?), for ever changing its consistency, colour and shape. Everyone projects something different on to its curves. Everything is conceivable, everything is possible. No one has a monopoly of the truth.

Eternal values can only be found in the past. No one will question that Nefertiti or the Mona Lisa are perfect beauties. Or will they?

What I like about theatre and opera is the concentration. The whole audience is prepared to concentrate on this one thing for a few hours. There is no more zapping or ironing on the side, no phone calls, everyone is just looking and listening. The auditorium goes dark, the music starts, the plot begins.

The darkness is the key to all this. In the theatre, absolute night really is a possibility. I can make scenes glow out from it with light. Sometimes just the faces. And then again just a window or the corner of a building. Lighting rigs and lanterns have become technically more and more perfect in recent years. Individual lanterns can be remote-controlled, colours can be changed as they move and other lights added in. The digital revolution has created a whole new profession here: yesterday's lighting technician has become today's lighting designer, who can play on his instrument – the lighting board – like a pianist on a grand piano or a percussionist on his drums. Of course he also needs objects – the stage set and the performers – to make his light visible.

Seen like this, a theatre-opera event is always a joint operation between author, composer, director, literary manager, costume designer, lighting designer, set designer, singers, actors, musicians and conductor. The more the jointly devised interpretation becomes a seamless whole, the greater the impact on the audience.

This impact is a key factor in the context of the pictorial quality, and it can be applied to the other areas we have been talking about: exhibition, museum, landscape design and urban development. In recent years the term »scenography« has caught on for these interdisciplinary fields – a term that comes from the film world in the first place.

But it is still not resolved how seriously a theme is addressed in this context, or – by contrast – how superficially.

There used to be a programme for designing and building churches and palaces. Art history introduced the term iconography for it. Every important 19th century façade was based on it. Atlantes (muscular men), cornice figures, naked women (caryatids), putti (male and female children, usually showing viewers their well-shaped, sweet backsides), stone flower tubs, garlands and birds of all sizes decorated any free space.

The picture was completed by ornaments. The 20th century cleared these allegedly useless things away. Perhaps we are using our stage sets to take us back to a time before Malevich and Loos. But the subject matter is new: film, theatre, psychology and art. In the long run all city-dwellers and residents needs edges, protrusions, niches, bays, turrets, images to catch their eye and trigger memories and associations.

The great boulevards of the world's chief cities come forward as pictorial architecture, spread out over space and time: the Ringstraße in Vienna, the Champs-Elysées in Paris, Fifth Avenue in New York, the Kurfürstendamm in Berlin, the Via Veneto in Rome and the Ramblas in Barcelona. In their great days everything came together here to create a magnificent, surging cityscape of fashionable strollers, chic, decorative women, avenues of trees, traffic, shop-window displays, café and restaurant furnishings and the imposing architecture of the buildings.

All the streets I mentioned are still there, and sometimes they have all their old splendour about them, glittering as they always did. But they are exceptions. Most shopping streets remain joyless and unpleasant. Often the traffic has been calmed or they have been made into pedestrian precincts. Every day, anonymous masses of shoppers push their way along the pavement in search of bargains.

But back to the stage sets. I am presenting 13 pieces of work from the last five years here. I also glance at the current productions (another five pieces). I will not go into detail about the opera plots (there are no straight plays).

I am less interested in theatrical classification than in presenting atmospheric images that could possibly he used in other – non-theatrical – areas.

In my imagination I dream of cross-links, swaps: stage set in parks, pedestrian precincts, department stores, museums. Stage sets on the rooftops, in subways and multi-storey car parks, stage sets in swimming baths and stations. Parks as stage sets and exhibitions. Exhibition in theatres and underground stations, in malls and homes. The hermetic nature of all disciplines has seemed problematical to me from the outset. Unfortunately I have been able to put very few of these thoughts and ideas into practice so far.

1, 2. *Pénélope*. Poème lyrique in drei Akten von Gabriel Fauré. Theater Chemnitz, 2002.

1, 2. *Pénélope*. Poème lyrique in three acts by Gabriel Fauré. Theater Chemnitz, 2002.

3. *Pénélope*. Poème lyrique in drei Akten von Gabriel Fauré. Theater Chemnitz, 2002.

3. *Pénélope*. Poème lyrique in three acts by Gabriel Fauré. Theater Chemnitz, 2002.

4, 5. *Saint François d'Assise*. Scènes Franciscaines in drei Akten von Olivier Messiaen. San Francisco Opera House, 2002.

4, 5. *Saint François d'Assise*. Scènes Franciscaines in three acts by Olivier Messiaen. San Francisco Opera House, 2002.

4, 5. *Saint François d'Assise*. Scènes Franciscaines in drei Akten von Olivier Messiaen. San Francisco Opera House, 2002.

4, 5. *Saint François d'Assise*. Scènes Franciscaines in three acts by Olivier Messiaen. San Francisco Opera House, 2002.

6. *Saint François d'Assise*. Scènes Franciscaines in drei Akten von Olivier Messiaen. San Francisco Opera House, 2002.
7. Schlußbild.

6. *Saint François d'Assise*. Scènes Franciscaine in three acts by Olivier Messiaen. San Francisco Opera House, 2002.
7. Final scene.

8–10. *Das verratene Meer*. Musikdrama in zwei Akten von Hans Werner Henze. Oper Frankfurt, Frankfurt am Main, 2003.

8–10. *Das verratene Meer* (*The Sea Betrayed*). Music drama in two acts by Hans Werner Henze. Oper Frankfurt, Frankfurt am Main, 2003.

11, 12. *Orpheus und Eurydike* (*Orfeo ed Euridice*). Azione teatrale per musica von Christoph Willibald Gluck. Theater Rostock, 2003.

11, 12. *Orpheus and Eurydice* (*Orfeo ed Euridice*). Azione teatrale per musica by Christoph Willibald Gluck. Theater Rostock, 2003.

13, 14. *Eugen Onegin*. Lyrische Szenen in drei Akten
von Peter Tschaikowski. Theater Chemnitz, 2004.

13, 14. *Eugen Onegin*. Lyric scenes in three acts
by Peter Ilich Tchaikovsky. Theater Chemnitz, 2004.

15, 16. *Eugen Onegin*. Lyrische Szenen in drei Akten von Peter Tschaikowski. Theater Chemnitz, 2004.

15, 16. *Eugen Onegin*. Lyric scenes in three acts by Peter Ilich Tchaikovsky. Theater Chemnitz, 2004.

17, 18. *Der Barbier von Sevilla*, (*Il Barbiere di Siviglia Ossia*). Commedia in zwei Akten und drei Bildern von Gioachino Rossini, Opernhaus San Francisco, 2004.
17, 18. *The Barber of Seville* (*Il Barbiere di Siviglia Ossia*). Commedia in two acts and three scenes by Gioacchino Rossini, San Francisco Opera, 2004.

19, 20. *Der Freischütz*. Romantische Oper in drei Aufzügen von Carl Maria von Weber. Theater Chemnitz, 2004.

19, 20. *Der Freischütz*. Romantic opera in three acts by Carl Maria von Weber. Theater Chemnitz, 2004.

S. 144/145
21. *Der Freischütz*. Romantische Oper in drei Aufzügen von Carl Maria von Weber. Theater Chemnitz, 2004. Schlußbild.

pp. 144/145
21. *Der Freischütz*. Romantic opera by Carl Maria von Weber. Theater Chemnitz, 2004. Final scene.

22, 23. *Wozzeck*. Oper in drei Akten und 15 Szenen von Alban Berg, Aalto-Theater, Essen, 2004.

22, 23. *Woyzeck*. Opera in three acts and 15 scenes by Alban Berg, Aalto-Theater, Essen, 2004.

24, 25. *Die Zauberflöte*. Eine deutsche Oper in zwei Akten von Wolfgang Amadeus Mozart.Theater Osnabrück und Theater Vanemuine, Tartu (Estland), 2005.

24, 25. *The Magic Flute*. German opera in two acts by Wolfgang Amadeus Mozart. Theater Osnabrück and Vanemuine Theatre, Tartu (Estonia), 2005.

S. 150/151
26. *Die Zauberflöte*. Eine deutsche Oper in zwei Akten von Wolfgang Amadeus Mozart. Theater Osnabrück und Theater Vanemuine, Tartu (Estland), 2005.

pp. 150/151
26. *The Magic Flute*. German opera in two acts by Wolfgang Amadeus Mozart. Theater Osnabrück and Vanemuine Theatre, Tartu (Estonia), 2005.

27–29. *Hoffmanns Erzählungen* (*Les Contes d'Hoffmann*). Opéra fantastique in fünf Akten von Jacques Offenbach, Opernhaus Graz, 2004.

27–29. *The Tales of Hoffmann* (*Les Contes d'Hoffmann*). Opéra fantastique in five acts by Jacques Offenbach, Opernhaus Graz, 2004.

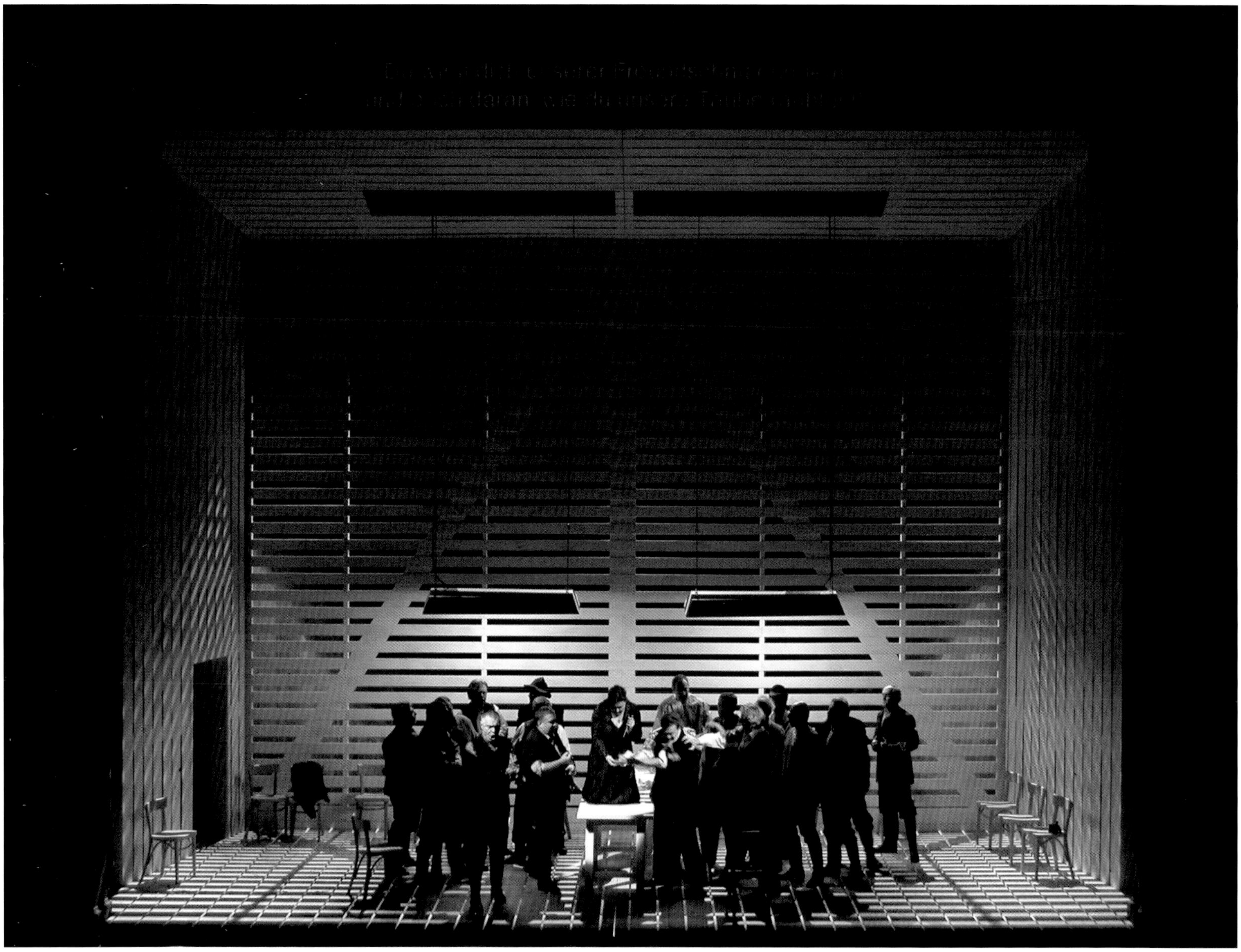

30–32. *Mazeppa*. Oper von Peter Tschaikowski, Stadttheater Bern, 2005/2006.

30–32. *Mazeppa*. Opera by Peter Ilich Tchaikovsky. Stadttheater Bern, 2005/2006.

33, 34. *Cinderella*. Ballett von Sergei Prokofjew.
Bolschoi-Theater, Moskau, 2006.

33, 34. *Cinderella*. Ballet by Sergey Prokofiev.
Bolshoi Theatre, Moscow, 2006.

35–37. *Cinderella*. Ballett von Sergei Prokofjew. Bolschoi-Theater, Moskau, 2006.

35–37. *Cinderella*. Ballet by Sergey Prokofiev. Bolshoi Theatre, Moscow, 2006.

38–40. *Die tote Stadt*. Oper in drei Bildern von Erich Wolfgang Korngold. Grand Théâtre de Genève, 2006.

38–40. *Die tote Stadt*. Opera in three scenes by Erich Wolfgang Korngold. Grand Théâtre de Genève, 2006.

41–43. *Die Nase*. Oper in drei Akten von Dmitri Dmitrijewitsch Schostakowitsch. Aalto-Theater, Essen, 2006.

41–43. *The Nose*. Opera in three acts by Dmitry Dmitriyevich Shostakovich. Aalto-Theater, Essen, 2006.

44–46. *Othello (Otello)*. Dramma lirico in vier Akten von Giuseppe Verdi. Niedersächsische Staatstheater Hannover (Opernhaus), 2006.

44–46. *Otello*. Dramma lirico in four acts by Giuseppe Verdi. Niedersächsische Staatstheater Hannover (Opera house), 2006.

Museumswelt und Weltmuseum

Bevor ich genauer auf die Idee und das Gebäude des Global Museum eingehe, beschreibe ich – zur Erinnerung und Vergegenwärtigung – noch einmal den Ort, an dem alles stattfindet: die Erdkugel und das Weltall, den kosmischen Raum.

Daß die Erde eine Kugel ist und im Raum schwebt beziehungsweise durch ihn hindurchrast, spüren wir als Erdbewohner nicht, wir sehen nur die Folgen – die Tages- und Jahreszeiten. Vergegenwärtigen wir uns die Bewegung, wird uns ganz schwindlig. Wäre unser Alltag nicht von der Schwerkraft solide geerdet und würden wir wie die Vögel durch den Luftraum fliegen, dann hätten wir bestimmt ein ganz anderes Verhältnis zu unserem Mutterschiff, vielleicht auch zu Raum, Zeit und Geschichte. Und wenn wir uns dann auch noch vor Augen führen, daß es in dieser Erdkugel bereits in einer Tiefe von 50 Kilometern so heiß ist, daß alle Gesteine feuerflüssig sind, wird uns noch mulmiger zumute. Die Temperatur des Erdkerns schätzen Wissenschaftler auf ca. +10 000 Grad Celsius. Wir leben demnach auf einer ziemlich gefährlichen Vulkankugel.

Die Sonne ist das Hauptkraftwerk der Erde. Ihre Oberflächentemperatur beträgt ungefähr 5700 Grad Celsius. Ohne ihre Wärme gäbe es kein Leben und keine Evolution auf der Erde.

Bisher wurde noch in keiner Milchstraße ein Planet mit ähnlichen Verhältnissen – richtige Entfernung zwischen Planet und Sonne – entdeckt. Es könnte also durchaus sein, daß unsere winzige Erdkugel der einzige Punkt im unendlich großen Weltall ist, an dem sich intelligentes Leben entwickelt hat, mit subjektivem Bewußtsein, Reflexionsvermögen, Fähigkeiten zu Wissensspeicherung, Erinnerung, Phantasie und Zukunftsplanung. Vielleicht sind wir das Bewußtsein des Alls!

Am Anfang herrschte die unbewußte Natur. Sie entfaltete sich in den Einzellern, den Pflanzen, den Tieren und später in der menschlichen Population. Keiner wußte, wie ihm geschah. Niemand ahnte etwas vom anderen. Als die Populationen größer wurden und sich an ihren Rändern berührten, fielen sie mordend und raubend übereinander her, stahlen sich gegenseitig die Schätze und Frauen, versklavten, quälten und töteten einander. Es herrschte der pure Darwinismus: Wer stärker, listiger, gemeiner und brutaler war, setzte sich durch. Der Brutalste erklomm die Spitze der gesellschaftlichen Hierarchie.

Jetzt wissen wir voneinander, leben als Nachbarn dicht beieinander, bevölkern die gesamte Erdkugel, jedenfalls den festen, bodenbedeckten Teil. Der Darwinismus herrscht noch immer, gesetzlich geregelt und so gut es geht domestiziert. In der »freien Welt« tobt er sich heute vor allem auf den Gebieten der Wirtschaft, des Sports, der Berufswelt und der Rüstung aus.

Wir haben einen Punkt der Evolution erreicht, an dem keine Unschuld mehr herrscht. Wir wissen Bescheid, kennen die Vorgänge und handeln weiter unvernünftig wie falsch programmierte, lernunfähige Wesen. In Wirklichkeit erlaubt uns die Dichte der Populationen keine feindlichen Auseinandersetzungen mehr (die Gefahr, selbst zusammen mit der ganzen Erde unterzugehen, ist zu groß geworden), dennoch werden weiterhin Kriege geführt. Die meisten Staaten der Erde leben mental noch im fernen Mittelalter, argumentieren mit Religionsgesetzen und versteinerten Bräuchen. Gegenseitige Kenntnis und Achtung müßten längst an die Stelle der Aggression getreten sein. Längst wäre es an der Zeit, daß sich die Anführer der Weltreligionen an einen Verhandlungstisch setzen und darüber abstimmen, wer der richtige Gott sein soll.

Hier setzt die Idee des Global Museums ein. Erinnern wir uns: Die Entwicklung der Museumsidee im 19. Jahrhundert war eng mit der Entwicklung der Nationalstaaten verknüpft. Die neu geplanten und auch gebauten Nationalmuseen sollten Identität stiften und die friedliche Einheit fördern. Schinkel, Stüler und Semper sahen sich zu Recht als humanistische Friedensstifter. Daß später aus nationaler Hybris und Perversion die beiden Weltkriege entstanden, ist diesen Architekten bestimmt nicht anzulasten. Heute gilt es, den gleichen Schritt zu wagen: Eine in Frieden lebende Weltbevölkerung ist nur dann möglich, wenn sie sich unter einem sinnvollen globalen Identitätsbewußtsein versammelt. Dazu gehören das Wissen voneinander und die hoffentlich daraus resultierende Toleranz. Regionale Machtansprüche müssen zurückgestellt, angeborene Aggressions- und Revierverteidigungsgelüste gezügelt und der Überlebensstrategie untergeordnet werden. Es gibt genügend Zerstörungspotential, um der Existenz dieser Weltkugel ein Ende zu bereiten: Aushöhlung der Erde durch Abbau der Bodenschätze, Umweltzerstörung durch Emissionen, Atombomben, Überbevölkerung, Kriege, Terrorismus, Krankheiten und Seuchen. Möglicherweise wird dieser Schritt erst möglich, wenn eine Bedrohung von außen auftritt, wie in den Science-fiction-Filmen beschrieben, beispielsweise der drohende Aufprall eines Meteors. (Gemeinschaft gibt es nur als Notgemeinschaft!?)

Zur neuen Friedensordnung gehört zunächst eine gerechte Verteilung der wirtschaftlichen Mittel und Möglichkeiten. Solange es Armut, Hunger, Durst und Not in der Welt gibt, werden auch Kriege nicht zu vermeiden sein – wobei die Kombination Armut–Hunger–Fundamentalismus die größte Gefahr darstellt.

Die Medienrevolution, der Tourismus und der weltweit agierende Kapitalismus haben längst zu einer Vereinheitlichung der Welt geführt. Unter dem Schlagwort Globalisierung sammeln sich Gegner und Befürworter dieser Vorgänge. Die Tatsache, daß vor allem der aggressive Kapitalismus mit seinen Managern Motor der Globalisierung war und ist, empört die Gegner und läßt ihrer Meinung nach einen Schatten des Bösen und Negativen über deren Geschäfte fallen. Philippe Zarifian, Verfasser eines hellsichtigen Essays über die »Entstehung des Eine-Welt-Volks«, konstatiert: »Die Globalisierung entspricht jenem Satellitenblick auf den Globus, den die Bosse der Großunternehmen begründet haben ... Von oben gesehen, erscheint die Erde als eine: Nationen, Staaten, Grenzen, Regelungen, Volkscharaktere, Rassen, politische Regime, alles verfließt ineinander, ohne doch zu verschwinden ... Der große Traum vom All-Einen, der die platonischen Philosophen umgetrieben hat, ist endlich verwirklicht. Das All-Eine ist das Hoheitsgebiet des zeitgenössischen Kapitalismus.« (Jean Ziegler, *Die Herrscher der neuen Welt und ihre globalen Widersacher*.)

Den Feinden der Globalisierung erscheint die OECD (Organisation für wirtschaftliche Zusam-

Museum world and world museum

Before I go into the idea of the Global Museum and its building in more detail, I am once more going to describe – as a reminder and to make it a vivid presence – the place where it all happens: the globe and the universe, cosmic space.

As its inhabitants, we are not aware that the earth is a sphere and floats in space, or rather races through it, we simply see the consequences – day and night, and the seasons. If we try to visualize the movement it makes us dizzy. If our everyday lives were not firmly grounded by gravity, and if we were to fly through the air like birds, then we would definitely have a different relationship with our mother ship, and perhaps with space, time and history as well. And if we also look at the fact that even at a depth of 50 kilometres this terrestrial globe is so hot that all the rocks are red-hot and molten, we feel even more queasy. Scientists estimate the temperature of the earth's core at approx. +10,000 degrees Celsius: we are living on a pretty dangerous volcanic sphere.

The sun is the earth's main power station. Its surface temperature is about 5,700 degrees Celsius. Without its warmth there would be no life and no evolution on earth.

So far no planet within a similar situation – right distance between the planet and the sun – has been found in any galaxy. So it could well be that our tiny globe is the only point in an infinitely large universe where intelligent life has developed, with subjective consciousness, the ability to reflect, store knowledge, with memory, imagination and forward planning skills. Perhaps we are the consciousness of the universe!

At first, unconscious nature dominated. It developed in the protozoa, the plants, the animals and later in the human population. No one was aware how things happened to them. No one sensed anything about anyone else. When populations grew larger and touched at their peripheries, they fell on each other to murder and rob, stole each other's treasures and women, enslaved, tortured and killed each other. Pure Darwinism reigned supreme: that is to say, anyone who was stronger, more cunning, nastier and more brutal won through. The most brutal climbed to the top of the social hierarchy.

Now we are aware of each other, live close to each other as neighbours, populate the entire globe, at least the solid part covered with soil. Darwinism still rules, regulated by law and domesticated as far as possible. In the free world it rampages above all in the field of commerce, sport, the professional world and armaments.

We have reached a point in evolution where there is no more innocence. We know what is going on, understand processes and continue to act stupidly like incorrectly programmed beings who are incapable of learning. In reality the density of the population does not allow us to enter into hostile conflict any more (the risk of coming to an end ourselves with the whole earth is now too great), but wars are still waged. Most of the world's states still live in the far-off Middle Ages, using religious laws and petrified customs as arguments. Mutual awareness and esteem should have replaced aggression long ago. The moment at which the world's religious leaders sit down at a negotiating table and agree which is the right God is long overdue.

This is where the idea of the Global Museum begins. Let us remember: the development of the museum idea in the 19th century was closely associated with the idea of nation states. The newly planned museums, and they were also built, were intended to create identity and promote peace and unity. Schinkel, Stüler and Semper rightly saw themselves as humanist peace-bringers. The fact that the two world wars later arose from national hybris and perversion is certainly not the fault of these two architects. Today we should risk taking the same step: a world population living in peace is possible only if it comes together in the spirit of a meaningful global awareness of identity. This includes knowledge of each other and the tolerance that is hoped would grow from this. Regional claims to power would have to be put aside, innate cravings involving aggression and defending one's territory must be reigned in and subordinated to a survival strategy. There is enough potential for destruction to put an end to the existence of this globe: hollowing the earth out through mining natural resources, environmental destruction from emissions, nuclear bombs, overpopulation, wars, terrorism, illness and epidemics. This step may be possible only under a threat from outside, as shown in science-fiction films, an imminently impacting meteor, for example. (Community can exist only as emergency community!?)

The first thing that must happen in this new peace is just distribution of economic resources and opportunities. As long as there is poverty, hunger, thirst and want in the world, wars will be inevitable – with the combination of poverty-hunger-fundamentalism presenting the greatest danger.

The media revolution, tourism and the worldwide dominance of capitalism have long made the world a uniform place. Opponents and supporters of these events come together under the heading globalization. The fact that it was and is above all aggressive capitalism and its managers that powered globalization outrages its opponents and in their opinion casts an evil and negative shadow over their business conducted. Philippe Zarifian, the author of an insightful essay on the »Emergence of a One-World People«, states: »Globalization corresponds with the satellite view of the globe that the bosses of the big concerns have established ... Seen from above, the earth seems as one: nations, states, rules, national characters, races, political regimes, everything runs into one, but without disappearing ... The great dream of the One that haunted the Platonic philosophers has at last become reality. The One is the sovereign territory of contemporary capitalism.« (Jean Ziegler, *Die Herrscher der neuen Welt und ihre gobalen Widersacher*.)

The enemies of the OECD (Organization for Economic Co-operation and Development) see it as a club »working in secret on world domination by the multinational concerns« (Friedhelm Schwarz, *Nestlé – Macht durch Nahrung*). They believe that ultimately the world will not be ruled by elected politicians but by the leading managers of the concerns.

All these ideas are discussed in the media every day, and are not new. I take the critical

menarbeit und Entwicklung) als Klub, »in dem heimlich an der Weltherrschaft der multinationalen Konzerne geschmiedet wird« (Friedhelm Schwarz, *Nestlé – Macht durch Nahrung*). Sie glauben, daß am Ende keine gewählten Politiker mehr die Welt regieren werden, sondern die Führungsmanager der Konzerne.

Alle diese Themen werden jeden Tag in den Medien diskutiert und sind nicht neu. Ich nehme die kritischen Haltungen durchaus ernst, will jedoch unter dem Aspekt eines »Welt-Bewußtseins« die positive Seite der Entwicklung hervorheben.

Wie sieht dieses Global Museum nun aus und was beinhaltet es? Ich stelle mir das neue Museum, das in Wirklichkeit aus mehreren Gebäuden besteht, als Gedächtnis und Bewußtsein der Welt vor. Hier wird das gesamte Wissen der Welt gespeichert und gesammelt. Aus allen Bereichen: Naturwissenschaften, Wirtschaft, Finanzen, Geisteswissenschaften, Medizin, Technik, Musik, Architektur, Kunst. Der Ort dient als Versammlungsstätte und als Informationszentrum. Hier wird die Geschichte in ihren Entwicklungen dargestellt, der heutige Zustand beschrieben und analysiert, und es werden Strategien für die Zukunft aufgezeigt. Das Global Museum ist alles in einem: Labor, Werkstatt, Baustelle, Universität, Theater, Oper und Museum.

Die Form des Gebäudes gleiche ich der unseres Planeten an: eine Kugel. Sie soll einen Durchmesser von ca. 50 Metern haben. Ihre silbergraue Oberfläche wird in der Sonne glänzen und als Attraktion weithin sichtbar sein. Sie steht in einem flachen Wasserbecken. Breite Stege führen zum Eingang. Weitläufige, sanft geometrisch angelegte Gärten ringsum laden zum Ausruhen, Spielen, Plaudern und Schauen ein.

Da ich möglichst alle sechs Milliarden Menschen der Welt erreichen will, schlage ich vor, 15mal das gleiche Kugelgebäude zu errichten. Hier die mögliche Verteilung auf dem Globus: eines in Südamerika, eines in Nordamerika, eines in Afrika, eines in Europa, eines in Rußland, eines in Saudi-Arabien, eines in Indien, eines in China, eines in Indonesien, eines in Australien, eines in Japan, eines am Nordpol und eines am Südpol. Das 14. Kugelgebäude soll als Ozeanliner gebaut werden. Er wird nicht stationär bleiben, sondern von einem Hafen zum anderen kreuzen. Als letztes schlage ich eine im All schwebende Raumstation vor. Alle Astronauten könnten dort andocken und ihr Wissen auffrischen. Ein großes, angegliedertes Hotel erlaubt es auch Erdbewohnern, zusammen mit ihren Kindern hier einen spannenden, abenteuerlichen und unterhaltenden Bildungsurlaub zu verbringen.

Das Innere des Gebäudes bleibt zum Teil hohl und unbebaut – man kann vom Eingang bis in die Kuppel hinaufschauen –, im anderen Teil ist der Raum mit zehn bis zwölf Ebenen bebaut. Aufzüge, Rampen, Rolltreppen und Wege durchzie-

1. Der Ort des Geschehens. Das Raumschiff Erde.
2. Das Gebäude des Global Museum nimmt die Kugelform der Erde auf. Die Kugel ist der vollkommenste Körper. Als Idealform steht er für Harmonie und All-Einheit.

1. Where it is all happening: spaceship earth.
2. The Gobal Museum building takes up the earth's spherical shape. The sphere is the most perfect geometrical solid. As an ideal form, it stands for harmony and total unity.

views very seriously, but would like to stress the positive side of the development from the point of view of »world consciousness«.

What does this Global Museum look like, and what does it contain? I imagine this new museum, which in reality consists of many buildings, as the world's memory and consciousness. All the world's knowledge is stored and collected here. From all spheres: natural sciences, commerce, finance, the humanities, medicine, technology, music, architecture, art. The place serves as an assembly point and information centre. History and its developments are presented here, the present state of affairs is described and analysed, and strategies for the future are demonstrated. The Global Museums is all things in one: laboratory, workshop, building site, university, theatre, opera house and museum.

I adapt the shape of the building to that of our planet: a sphere. It should be 50 metres in diameter. Its silver-grey surface will gleam in the sunlight and be a widely visible attraction. It stands in a shallow pool of water. Broad walkways lead to the entrance. Extensive gardens in gently geometrical patterns invite visitors to rest, play, chat and look.

As I would like to reach all the six billion people in the world if possible, I propose building the same spherical structure 15 times. This is the possible distribution throughout the world: one in South America, one in North America, one in Africa, one in Europe, one in Russia, one in Saudi-Arabia, one in India, one in China, one in Indonesia, one in Australia, one in Japan, one at the North Pole and one at the South Pole. The 14th sphere is to be built as an ocean liner. It will not remain stationary, but will cruise from one port to the next. And I propose that the last museum should be a space station, floating in space. All astronauts could dock there and brush up their knowledge. A large hotel will be attached so that earth-dwellers and their children can spend an exciting, adventurous and entertaining educational holiday here.

Part of the inside of the building will remain hollow and undeveloped – you can look up to the top of the dome from the entrance –, and ten to twelve levels will be built in the other part. Lifts, ramps, escalators and paths run through the spatial network, so that it is possible to stroll around in comfort. Surprising views through and out of the building keep opening up (large round portholes).

At the very heart of the building, in the central hall, I imagine there will be a supercomputer, in which everything is stored that has accumulated so far from and about the world. Visitors will be able to use individual terminals to find out what the world's laboratories are currently working on, how far developments have proceeded and when breakthroughs and successes are likely.

The museum section, which is accommodated in the side sections, will present all the peoples of the world with their history and culture. At the same time it will be possible to make trial studies of problems that could possibly lead to conflicts. Anyone has the opportunity to submit problem-solving strategies. Politicians will be given summaries of these proposals every evening. Interaction will make it possible to come to an rapprochement. World religions in particular are under test, and of course aggressive capitalism. (How can its malevolent claws be trimmed?)

The six world religions – Buddhism, Judaism, Hinduism, Islam, Taoism and Confucianism and Christianity – will be presented in a large hall (a modern pantheon, in other words, »a place for all the gods«). Each visitor can practise a religion for a day, and choose one persuasion, or leave the building free of (or confused about?) religious ideas. In the next gallery large screens surrounding the space show visitors stock-exchange details from the world's major trading floors.

Individual terminals depict global cash flow. Then comes a space where events in the world's great market places can be followed live on large screens. Then come direct broadcasts from the world's most beautiful bathing beaches. Anyone who wishes can also be carried virtually to the world's most important transport nodes, to airports, stations and sports stadiums. Every visitor should gain a sense of the world's wholeness, its

hen das Raumgeflecht, so daß ein bequemes Hin- und Herflanieren möglich ist. Immer wieder öffnen sich überraschende Durch- und Ausblicke (große runde Bullaugen).

Im Innersten der Anlage, in der zentralen Haupthalle, stelle ich mir einen Supercomputer vor, in dem alles gespeichert ist, was sich bisher an Wissen von der und über die Welt angesammelt hat. An Einzelterminals können die Besucher erfahren, woran gerade in den Labors der Welt gearbeitet wird, wie weit die Entwicklungen gediehen sind und wann mit Durchbrüchen und Erfolgen zu rechnen ist.

Im Museumsteil, der in den seitlichen Räumen untergebracht ist, werden alle Völker der Welt mit ihrer Geschichte und ihrer Kultur vorgestellt. Gleichzeitig kann hier probeweise untersucht werden, welche Probleme zu Konflikten führen können. Jeder hat die Möglichkeit, Strategien der Problemlösung einzugeben. Politiker erhalten jeden Abend Zusammenfassungen dieser Vorschläge. Durch Interaktion wird es möglich sein, zu einer Annäherung zu kommen. Vor allem die Weltreligionen stehen auf dem Prüfstand und natürlich der aggressive Kapitalismus. (Wie kann man ihm die bösartigen Krallen abschneiden?)

In einer großen Halle (ein modernes Pantheon, das heißt »für alle Götter«) werden die sechs Weltreligionen vorgestellt: der Buddhismus, das Judentum, der Hinduismus, der Islam, der Taoismus und Konfuzianismus und das Christentum. Jeder Besucher kann für einen Tag an einer Religionsausübung teilnehmen und sich am Ende für eine Richtung entscheiden oder frei (konfus?) von religiösen Gedanken das Gebäude verlassen. Im nächsten Raum sehen die Besucher auf großen Bildschirmen ringsum die Börsendaten in Direktübertragungen von den wichtigsten Börsen der Welt.

In Einzelterminals werden die Geldflüsse der Welt erläutert. Dann folgt ein Raum, in dem auf großen Bildschirmen in Live-Übertragungen das Geschehen auf den großen Marktplätzen der Welt verfolgt werden kann. Es schließen sich Direktübertragungen von den schönsten Badestränden der Welt an. Wer will, kann sich auch virtuell an die wichtigsten Verkehrsknotenpunkte der Welt versetzen lassen, an Flughäfen, auf Bahnhöfe und in Sportstadien. Jeder Besucher und jede Besucherin soll ein Gefühl für die Ganzheit der Welt bekommen, für ihre Gleichzeitigkeit, für das pulsierende Leben. Alle Kulturen haben verschiedene Charaktere, Temperamente und Ziele. Die Sitten und die Bräuche unterscheiden sich.

Und es gibt verschiedene Sprachen. Jeder Mensch auf der Welt sollte in Zukunft zweisprachig erzogen werden: in seiner Heimatsprache und in Englisch. Diese heute bereits vorhandene Tendenz gilt es zu verstärken. Natürlich kann man im Global Museum auch die Sprachen der Welt studieren, ihre Wurzeln verfolgen, ihre Verwandtschaften. Über alles Regionale, das erhalten bleiben und nicht zerstört werden soll, muß sich eine zweite Ebene legen, wie es heute mit Internet und anderen Kommunikationsmöglichkeiten bereits üblich ist.

Als nächstes werden in Modellen die berühmtesten Architekturen, die schönsten Gärten und Parks der Welt vorgestellt. Nicht mehr als Simulation, sondern sinnlich anwesend!

Es folgt eine Halle mit Denkmälern: ein Denkmal-Wald, ein Denkmal-Dickicht. Alle Denkmäler der Welt sind hier in Repliken, Photos und Modellen versammelt. Die militärischen Siege relativieren sich. Wofür wurde nicht alles gekämpft, gequält, gelitten und gestorben!

Dann eine »Hall of Fame«, die den Helden und Berühmtheiten aus der ganzen Welt, gewidmet ist: Wohltätern, Ärzten, Wissenschaftlern, Politikern, Musikern, Schauspielern, Sängern, Malern, Bildhauern, Architekten, auch den Helden des Alltags.

Dann eine Halle nur mit Bösewichtern: Gaunern, Kriminellen, Kriegsverbrechern, Vergewaltigern, Mafia-Killern, Serienmördern, KZ-Kommandanten, sonstigen Nazi-Tätern – mit ausgestellten Biographien und Erinnerungsstücken, Tatwerkzeugen und genauer Beschreibung ihrer Taten.

3. Das Global Museum ist alles in einem: Labor, Werkstatt, Baustelle, Universität, Bibliothek, Magazin, Super-Computer, Gehirn, Theater, Oper und Museum.
4. Der Kugelbau hat einen Durchmesser von 50 Metern und soll 13mal auf allen Erdteilen errichtet werden. Die 14. Kugel schwimmt als riesiges Schiff auf den Weltmeeren. Die 15. Kugel schwebt als Raumstation durch das All.

3. The Gobal Museum is everything in one: lab, workshop, building site, university, library, storeroom, super-computer, brain, theatre, opera and museum.
4. The spherical structure is 50 metres in diameter and is to be constructed 13 times all over the world. The 14th sphere floats on the oceans like a gigantic ship. The 15th sphere floats through outer space.

simultaneity, for pulsating life. Every culture is different in character, temperament and aims. Customs and traditions differ.

And there are different languages. In future, everyone in the world should be brought up bilingually: in their native language and in English. This tendency already exists, and it should be reinforced. Of course the world's languages can be studied in the Global Museum as well, and their roots and relationships pursued. A second layer should be superimposed on everything regional, which should be retained and not destroyed; this is already happening today through the internet and other communication resources.

Next come models introducing the most famous architecture, the most beautiful gardens and parks. Not simulated any more, but sensually present!

This is followed by a hall for monuments: a forest, a thicket of monuments. All the world's monuments are collected here in replicas, photographs and models. Military victories are relativized. What didn't we fight for, torture for, suffer and die for!

Then a »Hall of Fame«, dedicated to the heroes and the famous people from all over the world: philanthropists, doctors, academics, politicians, musicians, actors, singers, painters, sculptors, architects, also the everyday heroes.

Then a hall featuring nothing but villains: rogues, criminals, war criminals, rapists, Mafia killers, serial murderers, concentration camp commandants, other Nazi culprits – with biographies displayed, with memorabilia, implements used in their crimes and precise descriptions of what they did.

After this comes a museum of world art: prehistoric, Egyptian, Greek, Roman, Italian, French, Spanish and American. A film and television museum as well. (The suggestions I've made in this book will come into their own here.)

A gallery for the most famous characters in world literature: Odysseus, Penelope, Aeneas, Dido, Orpheus, Eurydice, Romeo, Juliet, Hamlet, Faust, Mephistopheles, Don Quixote, Sancho Panza, Madame Bovary, the Idiot, Dr. Zhivago, Swann, the Old Man and the Sea, Peter Camenzind, Felix Krull, Stiller, Oskar Matzerath, Gantenbein.

A gallery for the most famous opera characters, opera productions and opera sets in the world.

A souvenir gallery: Christ's sudarium, a lock of St. Francis of Assisi's hair, the cars James Dean, Albert Camus and Lady Di crashed in, the scrap of paper Kennedy used to jot down the famous sentence: »Ich bin ein Berliner«, places of pilgrimage, sacred sites, maps.

Of the exhibitions I have realized so far the »Prometheus« project came closest to the idea of the Global Museum. As it took place before 2000 (1998 in Völklingen, 1999 in Tel Aviv) and I am restricting myself to post-2000 projects in this book, I am not going into detail here.

Of course the visitors' route will be constantly interrupted by comfortable cafés and restaurants, by lobbies and lounges, viewing platforms, cinemas, fitness centres, crawling corners and (supervised) kindergartens.

I am aware that Expos and World Fairs have already realized a great deal of what I am suggesting here. I would like to take up these ideas. I have visited exhibitions of this kind all over the world, and the one I found most impressive was EPCOT in Florida. I would build a lot of the pavilions that featured there into my Global Museum!

To end my description of the space, here are two more lift trips: one going down – into the

Weiterhin ein Welt-Kunst-Museum: Vorgeschichtliches, Ägyptisches, Griechisches, Römisches, Italienisches, Französisches, Spanisches und Amerikanisches. Dazu ein Film- und Fernsehmuseum. (Hier finden auch meine Vorschläge aus diesem Buch ihren Platz.)

Ein Raum mit den berühmtesten Figuren der Weltliteratur: Odysseus, Penelope, Aeneas, Dido, Orpheus, Eurydike, Romeo, Julia, Hamlet, Faust, Mephisto, Don Quichote, Sancho Pansa, Madame Bovary, Der Idiot, Dr. Schiwago, Swann, Der alte Mann und das Meer, Peter Camenzind, Felix Krull, Stiller, Oskar Matzerath, Gantenbein.

Ein Raum mit den berühmtesten Opernfiguren, Operninszenierungen und Opernbühnenbildern der Welt.

Der Andenkenraum: Schweißtuch Christi, Haarlocke Franz von Assisis, Unglücksautos von James Dean, Albert Camus und Lady Di, der Zettel, auf dem Kennedy den berühmten Satz: »Ich bin ein Berliner« notiert hatte, Wallfahrtsorte, heilige Stätten, Karten.

Von meinen bisher realisierten Ausstellungen kam das Projekt »Prometheus« den Gedanken des Global Museum am nächsten. Da es vor 2000 realisiert wurde (1998 in Völklingen, 1999 in Tel Aviv) und ich mich in diesem Buch auf Projekte seit dem Jahr 2000 beschränke, gehe nicht näher darauf ein.

Natürlich wird der Besucherweg immer wieder unterbrochen von gemütlichen Cafés und Restaurants, von Lobbys und Lounges, von Aussichtsplattformen, von Kinos, Fitneßzentren, Krabbelecken und Kindergärten (mit Aufsicht).

Mir ist bewußt, daß auf Expos und Weltausstellungen schon viel von dem realisiert worden ist, was ich hier vorschlage. Ich will gern an diese Ideen anknüpfen. Bei meinen Besuchen der Ausstellungen dieser Art auf der ganzen Welt hat mich EPCOT in Florida am meisten beeindruckt. Viele Pavillons, die dort gezeigt werden, würde ich sofort in mein Global Museum integrieren!

Zum Schluß meiner Raumbeschreibungen füge ich noch zwei Aufzugsfahrten hinzu: eine nach unten – ins Erdinnere – und eine nach oben, in die gläserne Kuppel. Nach unten sehe ich im Vorbeischweben die Schichten der Vergangenheit, die geologischen Ablagerungen vergangener, abgestorbener, untergegangener Zivilisationen (Scherben, Trümmer, Ruinen, Skelette), dann durchquere ich einen unterirdischen See (Teil des Ozeans?), sehe dort Fische durch Reste untergegangener, grünblau veralgter Schiffe schwimmen, sehe Haie ihre eleganten Kreise ziehen und beobachte Riesenkraken, die sich an abgesunkenen Marmorgötterköpfen festgesaugt haben.

Ich schwebe im Aufzug nach oben und betrete eine imposante Glaskuppel mit mehreren hundert Fernrohren und Teleskopen. Und während aus riesigen Lautsprechern das gleichförmige Weltallrauschen direkt übertragen wird, blicke ich in eines der Okulare und lasse mich visuell hinausziehen in die unendlichen Weiten des Alls. Ich beiße mich fest an der Galaxie 0313–192. Und wieder einmal beschleicht mich das Gefühl, daß diese Sterne vielleicht längst erloschen sind. Ihr Licht ist Millionen Jahre unterwegs, bis es hier in mein Auge trifft.

Im allerletzten Raum blicken wir in die Zukunft: »In erdgeschichtlichen Dimensionen ist ohne weiteres so etwas wie die Besiedlung des Weltraums möglich, es ist eine Aufspaltung der menschlichen Spezies in künstlich an unterschiedliche Lebensbedingungen angepaßte Unterarten oder gar eine Auflösung der Gattung Mensch denkbar. Es sind Lebewesen denkbar, die sich nur noch in ständiger Symbiose mit Maschinen reproduzieren.« (Gernot Böhme, *Natürliche Natur. Über Natur im Zeitalter ihrer technischen Reproduzierbarkeit*.)

Auch diese neuen Wesen – unsere fernen Verwandten im Jahre 3005 – werden dankbar das Global Museum besuchen. Sie werden darüber schmunzeln, in welch merkwürdigem Mittelalter wir im Jahre 2007 gelebt haben. Damals gab es noch Religionen und Flugzeuge, Fahrräder und Autos. Dann läßt sich der Besucher nur noch von einem Ort zum anderen beamen, aber er wird auch hin und wieder von nostalgischen Gefühlen befallen, die den unseren aufs Haar gleichen. In einen solchen Zustand versetzt ihn der Besuch im Global Museum, ein historisches Gebäude, tausend Jahre alt, vor kurzem renoviert, frisch glänzend und blinkend in der aufgehenden Sonne. Bei einer Führung erfährt er etwas aus ferner Zeit. Er betrachtet die Müllberge, die Modelle und Photos der Müllverbrennungsanlagen und freut sich, eine originale Coca-Cola-Flasche in die Hand nehmen zu dürfen! Auf einem Bildschirm läßt er sich historische Aufnahmen von TV-Sendungen zeigen.

Am meisten amüsiert ihn wahrscheinlich »Wetten, daß ...« mit Thomas Gottschalk. Kaum zu glauben, daß solche Sendungen einmal die Samstagabendunterhaltung von Millionen Menschen darstellten. Und dann diese Kriminalfilme, »Tatorte«, mit ihren Kommissarinnen, nicht zu fassen! Und das aus einem Land, das »Deutschland« hieß! Was für ein seltsamer Name, was für ein fremdartiger Klang!

Beim Gang durch das restliche Museum werden ihm die Beine immer schwerer, bisweilen gähnt er sein herzerfrischendes Weltraumgähnen. Irgendwann läßt er sich auf einer der bequemen Liegen nieder und schläft selig ein. Im Halbschlaf überlegt er sich, wie wohl seine Nachfahren in tausend Jahren leben werden. Wahrscheinlich haben sie sich längst auf weit entfernteren Himmelskörpern angesiedelt und kommen höchstens einmal im Jahr für ein Wochenende kurz zur Erde zurück, um am Grab der Ur-Ur-Ur-Ur-Ur-Ur-Ur-Ur-Ur-Ur-Ur-Ur-Ur-Ur-Großeltern (die vielleicht auch die Konstrukteure ihrer Computer-Herzen waren) einen wohlschmeckenden Venusblinkkuchen abzulegen.

5. Das Global Museum verkörpert das Gedächtnis und das Bewußtsein der Welt.

5. The Gobal Museum embodies the world's memory and consciousness.

bowels of the earth – and one going up, into the glass dome. On the way down I see the layers of the past as I float by, the geological deposits of past, dead, departed civilizations (shards, rubble, ruins, skeletons), then I go through an underground lake (or part of the ocean?), where I see fish swimming through the remains of sunken ships, covered with greenish-blue algae, see sharks describing their elegant circles and watch enormous octopusses that have attached themselves by their suckers to the sunken heads of marble gods.

I soar upwards in the lift and enter an imposing glass dome with several hundred telescopes. And while the uniform sound of the universe is transmitted directly from gigantic loudspeakers I look into one of the eyepieces and allow myself to be drawn visually into the infinite depths of space. I become totally absorbed in Galaxy 0313–192. And once more the feeling creeps over me that these stars may well have gone out long ago. Their light has been travelling for millions of years to reach my eye.

In the last gallery of all we look into the future: »In terms of the history of the world there is no doubt that something like settling space is possible, and it is conceivable that the human species could split into sub-species that are artificially adapted to different living conditions, or even that man as a species might disappear completely. Living creatures are conceivable that reproduce only in constant symbiosis with machines.« (Gernot Böhme, *Natürliche Natur. Über Natur im Zeitalter ihrer technischen Reproduzierbarkeit*.)

And it is also conceivable that these new beings – our distant relatives in the year 3005 – will think gratefully of the Global Museum. They will smirk about the remarkably medieval conditions we lived under in 2007. At that time there were still religions and aeroplanes, bicycles and cars. Then visitors will simply have themselves beamed from one place to another, but they will also be subject to nostalgic feelings that are exactly the same as ours from time to time. And this is the kind of mood visiting the Global Museum will put them in: a historical building, a thousand years old, recently refurbished, gleaming and twinkling freshly in the rising sun. A guided tour will show them things from distant times. They will look at the heaps of refuse, the models and photographs of refuse incineration plants, and be delighted to be able to hold an original Coca-Cola bottle in their hands! They watch historical shots of TV broadcasts on a screen.

They will probably be most amused by »Wetten daß ...« (Bet you that ...) with Thomas Gottschalk. It is scarcely credible that programmes like this once entertained millions of people on Saturday evening. And then these thrillers, »Tatort« (Crime scenes) with their female detectives, incredible! And all from a country that called itself »Germany«! What a strange name, what an outlandish sound!

As they walk through the rest of the museum their legs will get heavier and heavier, and they will yawn their highly refreshing space-yawn from time to time. At some point they will sink onto one of the comfortable couches and fall happily asleep. Half-asleep, they will wonder how their descendants will live in a thousand years time. Probably they will have settled on more and more distant heavenly bodies, coming back to earth at most once a year for the weekend to lay a tasty flashing-Venus-cake on their great- great- great- great- great- great- great- great- great- great- great- great- great- great-grandparents' grave (who perhaps also once built their computer-hearts).

6. »Völker und Nationen versuchen heute, die elementarste Frage zu beantworten, vor der Menschen stehen können: Wer sind wir? Und sie beantworten diese Frage in der traditionellen Weise, in der die Menschen sie immer beantwortet haben: durch Rückbezug auf die Dinge, die ihnen am meisten bedeuten. Die Menschen definieren sich über die Herkunft, Religion, Sprache, Geschichte, Werte, Sitten und Gebräuche, Institutionen ... Wir wissen, wer wir sind, wenn wir wissen, wer wir nicht sind und gegen wen wir sind.« (Samuel P. Huntington.)
7. Die kulturellen und religiösen Einzelgebäude der Welt werden vorgestellt. Ziel soll das Kennenlernen und gegenseitige Tolerieren der verschiedenen Welt- und Lebensauffassungen sein. Der gemeinsame, alle Menschen verbindende Kampf könnte heute darin bestehen, die Erde vor ihrem Untergang zu bewahren. Es gilt, den brutalen Abbau aller nicht erneuerbaren Ressourcen zu stoppen und der Verschmutzung der Atmosphäre ein Ende zu setzen.

6. »People and nations are now trying to answer the most fundamental question that people can face: who are we? And they are answering this question in the traditional way, the way people have always answered it: by going back to the things that mean most to them. People define themselves through their origin, religion, language, history, values, customs and practices, institutions ... We know who we are when we know who we are not and against whom we are.« (Samuel P. Huntington.)
7. The world's individual cultural and religious buildings are presented. The aim should be to get to know and tolerate different views of the world and of life. The common struggle, uniting all peoples, could be protecting the earth from being destroyed. A stop has to be put to the brutal exploitation of non-renewable resources and to polluting the atmosphere.

8. Alle Menschen der Erde – es waren bisher etwa 100 000 Milliarden – sind auf die gleiche Weise entstanden und haben ihr Leben lang ähnliche Träume.
9. Erinnerungsgarten an Uterus und Nest.

8. All the people on the earth – about 100 000 billion to date – came into being in the same way and have similar dreams throughout their lives.
9. Garden of memory for uterus and nest.

10. Christus und Batman. Blick in die Ausstellung »Prometheus – Menschenbilder zwischen Ideal und Wirklichkeit«, Alte Völklinger Hütte, Völklingen, 1998.
11. Die Heiligen der sieben Weltreligionen schweben durch den Raum.

10. Christ and Batman. View of the exhibition »Prometheus – human images between ideal and reality«, Alte Völklinger Hütte, Völklingen, 1998.
11. The saints of the seven world religions float through space.

12, 13. Die Helden der Mythologien, der Geschichten und des Films tauchen auf. Die »Erzählmaschine Hollywood« vereinigt sie in ihren Abenteuer-, Liebes- und Science-fiction-Filmen.
14. Zum ersten Mal in der Weltgeschichte sehen alle Menschen die gleichen Geschichten, Bilder und Gesichter. Blick in die Ausstellung »Prometheus – Menschenbilder zwischen Ideal und Wirklichkeit«, Alte Völklinger Hütte, Völklingen, 1998.

12, 13. The heroes of mythology, stories and the cinema appear. The Hollywood story machine brings them together in its adventure, love and science-fiction films.
14. For the first time in world history everyone sees the same stories, pictures and faces. View of the exhibition »Prometheus – human images between ideal and reality«, Alte Völklinger Hütte, Völklingen, 1998.

Selbstschöpfung
Göttlichkeit
Schöpfung
LA BEAUTÉ
MMENHEIT

S. 184, 185
15. Die Lebens- und Ich-Ideale wachsen hinaus ins All, überwölben das Leben aller Menschen wie Raumschiffe. Blick in die Ausstellung »Prometheus – Menschenbilder zwischen Ideal und Wirklichkeit«, Alte Völklinger Hütte, Völklingen, 1998.
16. Die Bewußtseins- und Ich-Baustellen vor kosmischem Hintergrund.

pp. 184, 185
15. Life and ego ideals grow out into the universe like a vault over the lives of all people, in the manner of spaceships. View of the exhibition »Prometheus – human images between ideal and reality«, Alte Völklinger Hütte, Völklingen, 1998.
16. The consciousness and ego building sites against a cosmic background.

17. Im Obergeschoß des Global Museums können die Besucher langsam kreisende Planetengärten betreten und von hier oben hinunterschauen in die Archäologie der Welt- und Ich-Geschichte.
18. Im Jahr 1968 wurde zum ersten Mal ein Photo der im Weltall frei schwebenden Erdkugel veröffentlicht. Seither hat sich unser Bewußtsein verändert. Wir kennen jetzt alle die dünne, blaue Schicht der Atmosphäre und wissen um die Einmaligkeit und Verletzbarkeit der Erde. Nur wenn wir mit und nicht gegen die Natur arbeiten, werden wir überleben. Das Global Museum zeigt noch einmal auf, was sich bisher durch die Menschen auf der Erde entwickelt hat, zum Guten wie zum Schlechten.

17. On the top floor of the Global Museum visitors can walk into slowly circling planet gardens and look down from here in the archaeology of the world and of ego history.
18. The first photographs of the world floating freely in space were published in 1968. Since then our consciousness has been altered. We are now all aware of the thin, blue layer of the atmosphere and know how unique and vulnerable the earth is. We will only survive if we work with nature, not against it. The Global Museum again shows what people have brought about on earth, for good or ill.

19. Vergangenheitsraumschiff.

19. Spaceship of the past.

20. Durch das Bewußtsein schweben noch einmal die schönen Bilder der Vergangenheit.

20. The beautiful images of the past still float through our consciousness.

Photonachweis / Photo credits

Thilo Beu, Bonn 120/121, 132.8, 133.9, 133.10
Philip Egli, Bern 154.30, 155.31, 155.32
Karl Forster, Bad Grönenbach 162.41, 162.42, 163.43
Fotostudio Kohlmeier, Berlin 60.13, 61.14
Reinhard Görner, Berlin 20/21, 53.1, 56.7, 56.8, 57.9, 58.10, 59.11, 59.12, 66.1, 68.4, 69.5, 69.6, 70.7, 71.8, 72/73.9, 74.10, 75.11, 76.12, 77.13, 77.14, 78.15, 79.16, 180.10, 183.14, 184.15
Peter Horn, Stuttgart 94/95, 104.3, 104.4, 105.5, 106.6, 106.7, 107.8, 108/109.9, 110.10, 110.11, 112.12, 113.13
Hillert Ibbeken, Berlin 40.4, 40.5, 41.6, 42.7, 43.8, 44.9, 44.10, 45.11, 46/47.12, 82.1, 84.4, 85.5, 86/87.6, 88.7, 89.8, 90.9, 91.10
Maria Steinfeldt, Berlin 93.1, 93.2, 124.1, 125.2, 126/127.3, 134.11, 135.12, 136.13, 137.14, 138.15, 139.16, 142.19, 143.20, 144/145.21, 148.24, 149.25, 150/151.26
Armin Teufel, Attenweiler 30.1, 31.2, 33.5, 63.1, 63.2
Theater Graz 152.27, 152.28, 153.29